Kaj Skagen

Anarchist, Individualist, Mystiker

Rudolf Steiners frühe Berliner Jahre 1897–1902

Aus dem Norwegischen von Jutta Schloon

RUDOLF STEINER VERLAG

1. Auflage 2020

Satz: Klementz Publishing Services, Freiburg
Druck und Bindung: Buch Theiss GmbH, St. Stefan im Lavanttal
Printed in Austria

ISBN 978-3-7274-5338-0

www.steinerverlag.com

Inhalt

Anhang

Vorwort

Mit der Veröffentlichung der folgenden kurzen Einführung in den Streit über die Übergangsjahre um 1900 in Rudolf Steiners Biografie folge ich einem vielfach geäußerten Wunsch. Die Einführung baut zu einem großen Teil auf Stoff aus meiner Steiner-Biografie auf, die im Jahre 2015 unter dem Titel *Morgen ved midnatt* auf Norwegisch erschienen ist (zu Deutsch: *Morgen um Mitternacht*). Das vorliegende Buch enthält Textpassagen aus *Morgen ved midnatt*, die gekürzt und bearbeitet worden sind, in der Absicht, eine bündige Zusammenfassung von Steiners geistiger Entwicklung zu geben – von seiner Zeit als Nietzsche-Apologet 1895 in Weimar über seine Phase als radikaler Publizist im Berlin der Jahre 1897–1899 bis hin zu seinem Übergang zur Mystik im Jahre 1901.

Mein besonderer Dank gilt Cato Schiøtz, ohne dessen unermüdliche Aufforderungen dieses kleine Buch nicht geschrieben worden wäre, und Anders Kumlander, dessen Förderung der Übersetzung durch den Vidarfond die hier vorliegende deutsche Ausgabe ermöglicht hat.

Bergen, 2020 *Kaj Skagen*

Der Mann und das Werk

Der österreichische Mystiker und Okkultist, Philosoph und Künstler, Pädagoge und Sozialreformer Rudolf Steiner wurde 1861 in Kraljevec im damaligen Königreich Ungarn geboren und starb 1925 im Alter von nur 64 Jahren. Das ist nun fast hundert Jahre her. Trotzdem sind seine Biografie, seine Lehre und die von ihm initiierte soziale Reformbewegung, die heute über zehntausend Institutionen in allen Teilen der Welt auf ganz unterschiedlichen gesellschaftlichen Feldern umfasst – von Medizin und Kunst bis zu Landwirtschaft und Pädagogik –, noch immer Gegenstand polemischen Streits.

Weil Steiner durch die Bewegung, die er geschaffen hat, in der heutigen Gesellschaft und in den kulturellen Debatten noch immer sehr präsent ist, fällt es nicht leicht, ihn mit Abstand zu betrachten. Während die Werke von Mystikern wie Meister Eckhart oder Jakob Böhme Zeugnis von einer anderen Epoche ablegen, die uns nicht ohne Weiteres persönlich angeht, ist Steiner ein Mystiker, der auf eine ganz andere Weise *gegenwärtig* ist und uns zu einer persönlichen Stellungnahme herausfordert. Deshalb erregt er schneller die Gemüter, im Positiven wie im Negativen.

Als Denker, Publizist und Vortragsredner stellte Steiner das moderne Menschen- und Weltbild im Lichte der Mystik und des Okkultismus dar. Dadurch erhielten fast alle Fachgebiete, mit denen er sich beschäftigte, sei es Mathematik, Physik, Physiologie, Psychologie, Geschichte oder Philosophie, ein neues Gesicht. Steiner unterzog die gesamte Wirklichkeit einer Neubetrachtung. Es handelt sich zwar um dieselbe Welt wie zuvor, aber sie wird auf eine Weise beleuchtet, die sie ebenso fundamental anders erscheinen lässt wie die Welt vor bzw. nach der kopernikanischen Wende. Steiner wollte die uralten religiösen und mystischen Traditionen erneuern, die für das gedankliche und gesellschaftliche Leben der Menschheit jahrtausendelang bestimmend gewesen waren, jedoch in neuerer Zeit unter dem Druck von Aufklärungsdenken und Individualismus, Naturwissenschaft und Bibelkritik zu verdorren drohten. Die Erneuerung sollte durch die persönliche Erfahrung einer inneren, geistigen Dimension geschehen, zu welcher der moderne Mensch die Verbindung verloren hatte. Diese verschüttete Dimension sollte durch eine neue geistige Erfahrung wieder zum Vorschein geholt und zugleich mit dem empirischen Anspruch der Naturwissenschaften und dem menschlichen Drang nach Freiheit in Einklang gebracht werden. Diese höhere Synthese aus Tradition und Moderne, Mystik und Wissenschaft sollte der Beginn einer neuen Blütezeit in der Geschichte der westlichen Zivilisation sein.

Dieses übermütige und titanische Projekt hat sich zum einen in gut zwei Dutzend schriftlichen Grundlagenwerken und in mehr als sechstausend Vorträgen niedergeschlagen, über viertausend davon mitstenografiert und in bislang gut dreihundert Bänden herausgegeben. Zum anderen hat es sich in der vielfältigen Praxis der weltumspannenden anthroposophischen Bewegung manifestiert, mit ökologischen Bauernhöfen etwa im norwegischen Ort Stange, Slumarbeit in Rio de Janeiro, israelischen Waldorfschulen für arabische und jüdische Kinder, einem alternativen Bankensystem und dem Herdecke-Krankenhaus in Deutschland mit über tausend Angestellten. Zu all diesen Ideen und Praxisfeldern existiert eine Forschungsliteratur, die unzählige Titel umfasst.

Damit ist die Anthroposophie eine der größten ‹Subkulturen› der Welt. Steiners Werk hat weit über die inneren Zirkel der Anthroposophie hinaus Wirkung entfaltet und nicht zuletzt Maler und Schriftsteller inspiriert, darunter so bekannte Künstler wie Wassily Kandinsky, Piet Mondrian und Saul Bellow. Auch die Liste norwegischer Autoren, die bei Steiner Inspiration gefunden haben, ist lang.

Während die sozialen Projekte der anthroposophischen Bewegung im Großen und Ganzen hohen Respekt genießen, hat die anthroposophische Lehre viele Seiten, die vor dem Hintergrund der heute vorherrschenden Denkweise exzentrisch erscheinen. Dies gilt für Steiners Schilderungen von prähistorischen Zuständen und Ereignissen auf der Erde, die ohne Quellennachweis bleiben, ebenso wie für sein *fünftes Evangelium* mit einer Neudeutung des Christentums und unbekannten Details aus dem Leben Jesu, für seine okkulte Physiologie mit der Idee eines nicht-physischen Astralleibs als Grundlage einer neuen Medizin und nicht zuletzt für seine Reinkarnationslehre, die auch nähere Angaben zum Platz historischer Personen in bestimmten Inkarnationsreihen enthält.

Es ist leicht, solche der normalen Vernunft als Brüche erscheinende Denkweisen ins Lächerliche zu ziehen, wenn man sie aus ihrem Kontext herauslöst. Weitaus anstrengender ist es, sich den Zusammenhang anzueignen, in dem sie auftreten – sei es in einem philosophisch-okkulten Werk wie der *Theosophie*, in der Steiner die Hauptelemente seiner Esoterik in rational verständlicher Weise darstellen wollte, sei es in dem gewichtigeren, mehrere Hundert Seiten umfassenden Werk *Die Geheimwissenschaft im Umriss*, eine Art ‹deutsche Grammatik des Okkultismus›,[1] oder in den in vielen Tausend mitstenografierten Vorträgen dargelegten komplizierten Ausführungen über die Geschichte der Naturwissenschaften, jüdische Theologie, nordische und ägyptische Mythologie, Goethes *Faust*, den Aufstieg der Arbeiterbewegung, abendländische Philosophiegeschichte, den mehrdimensionalen Raum und die Physik der Farben, um nur willkürlich einige von Steiners Themen zu nennen. Sein Werk deckt kurz gesagt alle Wissenschaften ab, mit Ausnahme nur einzelner Themen wie etwa Hundezucht oder Fahrstuhlmontage.

Diese ganze neue anthroposophische Welt scheint auf Steiners Persönlichkeit und seinen besonderen Fähigkeiten zu beruhen, auf seiner *Einweihung in die geistige Welt*. Sowohl Anhänger als auch Gegner Steiners haben ihn oft so verstanden, als meinte er, die Erkenntnisse der Anthroposophie könnten nur durch das von ihm skizzierte Meditationsprogramm geprüft werden. Trotzdem ist die Anthroposophie auch bei aufgeklärten Menschen auf Resonanz gestoßen, ja sogar vor allem bei ihnen, da Steiners Werk, wenn man sich mit ihm vertraut macht, in all seiner Exzentrizität eine rationale Struktur aufweist und bestrebt ist, *nicht* im Widerspruch zur Wissenschaft zu stehen.

Dies ist zugleich einer der Gründe für die provokative Kraft seiner Lehre. Steiner zerstörte den kantianischen Burgfrieden zwischen Naturwissenschaft und Religion, und erhitzt damit sowohl die Gemüter von Wissenschaftsgläubigen als auch von religiös Gläubigen. Er behauptet, dass jedermann seine *Forschungsresultate* durch vorurteilsfreies Denken überprüfen könne und sogar selbst finden, indem er dem Meditationsweg folge.[2] Aber da dieser Meditationsweg niemals einen Menschen auch nur annähernd so weit geführt hat wie Steiner selbst, bleibt die Anthroposophie «eine Wissenschaft, die aus dem Werk eines einzigen Gründungsvaters besteht», wie André Bjerke es treffend formuliert hat.[3] Vergisst man den *intellektuellen* Weg in Steiners Universum hinein,

1 André Bjerke: «Terskelens vokter», in: *Arken* 3/1987, S. 39.

2 Siehe z. B. Rudolf Steiner: *Die Geheimwissenschaft im Umriss*, GA 13, 31. Aufl. Basel 2013, S. 14.

3 André Bjerke: «Terskelens vokter», in: *Arken* 3/1997, S. 34.

sodass *seine Visionen* zur Basis für die gesamte Anthroposophie werden, dann bleibt nur er selbst als Garant der Wahrheit des anthroposophischen Menschen- und Weltbildes. Genau so ist der Sachverhalt auch immer aufgefasst worden: Steiner hatte eine Reihe übersinnlicher Erfahrungen, und seine Anhänger glauben an diese. Aber dann steht und fällt die Anthroposophie mit der Frage, wer Steiner war. Er selbst ist das Schlachtfeld für den Kampf um sein Werk. Da er selbst mit seiner einzigartigen *Hellsicht* die Grundfesten seines Werkes ausmachte, kann man durch die Kritik an Steiners Person dieses ganze Werk zu Fall bringen.

Im Großen und Ganzen geschah dies dadurch, dass sich Kritiker darauf beriefen, Steiner sei in den 1890er-Jahren Anhänger des Christentum-Verächters Nietzsche, des Nihilisten Max Stirner und des atheistischen Materialisten und Darwinisten Ernst Haeckel gewesen, bevor er 1902 plötzlich als spiritueller Theosoph und Okkultist hervortrat, und dieser Übergang sei unverständlich und suspekt. Steiner selbst reagierte auf die Kritik, indem er darauf beharrte, dass es niemals eine «Zäsur» in seiner persönlichen Entwicklung gegeben habe, dass er zu keinem Zeitpunkt Atheist oder Materialist gewesen sei und dass diejenigen, die behaupteten, seine Weltsicht hätte sich grundlegend geändert, böswillige Menschen seien. Dies jedoch ermöglichte es diesen böswilligen Menschen, weiterhin nach offensichtlich widersprüchlichen Aussagen und Positionen Steiners zu suchen und diese hervorzuheben, wobei jeder Fund seine Glaubwürdigkeit schwächte, weil er so leidenschaftlich daran festhielt, dass es die Widersprüche nicht gebe.

Das ist also der historische Hintergrund dafür, dass die Debatte um die Anthroposophie so oft in einen Kampf um Steiners persönliche Entwicklung ausartet. Im Mittelpunkt steht dabei sein Übergang zur Mystik und zur Theosophie in den Jahren 1900 bis 1902. Dieser Übergang bündelt allen Streit über Steiners Person wie in einem Brennpunkt.

Steiner war immer schon Mystiker

War Steiners Entwicklung vom Nietzscheaner, Darwinisten und Anarchisten in den 1890er-Jahren und zum Theosophen und Anthroposophen nach 1900 eine natürliche Entwicklung, die einer inneren Kontinuität und Logik folgte, oder ist dieser Entwicklung ein Selbstwiderspruch inhärent, impliziert sie eine Zäsur, deren Ursachen in einer Bekehrung oder in Persönlichkeitsstörungen, in Opportunismus oder in Oberflächlichkeit zu suchen sind? Übernahm Steiner die theosophische Lehre lediglich aus eher opportunistischen Gründen, wie seine Gegner behaupten, oder gelang es ihm dank echter, außergewöhnlicher Fähigkeiten, die Theosophie zur Anthroposophie weiterzuentwickeln, wie seine Anhänger glauben?

Die Diskussion um Steiners Person ist ein Hybridkrieg, ein Stellvertreterkampf um die Wahrheit der Anthroposophie, der zwischen Anhängern und Gegnern von Steiners Werk geführt wird. Wenn man vom Religionskrieg um die Wahrheit der Anthroposophie absieht, gibt es keinen Anlass, sich darüber zu erregen oder zu verwundern, dass ein Intellektueller, der in der zweiten Hälfte des 19. Jahrhunderts in einer dramatischen Übergangszeit lebte, eine Reihe geistig-intellektueller Phasen durchlebt oder Verwandlungen durchgemacht hat. Man denke nur an prominente Autoren wie Arthur Koestler, Ignazio Silone, Richard Wright und André Gide, die in ihrem Buch *Ein Gott der keiner war* von 1950 Rechenschaft über ihren Abschied vom Kommunismus ablegten. Niemand ist deshalb je auf den Gedanken gekommen, sie zu Psychopathen zu erklären. Niemand ist auch je auf den Gedanken gekommen, dass der bekannte norwegische Linkssozialist Hans Fredrik Dahl schizophren sei, nur weil er zum Katholizismus konvertierte. Man denke an Arne Garborgs Weg durch Pietismus und Freidenkertum, an sein Interesse für Spiritismus und Theosophie, seine Ausflüge in indische Philosophie und Anarchismus, bevor er sein Werk in einem rein ethischen, nicht-religiösen Christentum stranden ließ. War er ein Scharlatan ohne persönliche Integrität, nur weil er sich auf diese lange Reise durch verschiedene Lebensanschauungen einließ? Nein, der einzige Grund dafür, dass es einen Streit über die Echtheit von Rudolf Steiners Reise durch die radikalen Geistesrichtungen seiner Zeit gibt, ist, dass diese Reise in dem *anthroposophischen Projekt* endete, dem sich so viele Menschen verschrieben haben und das konkurrierende Weltanschauungen so stark herausfordert.

Denn es gibt nichts Unerklärliches in Steiners persönlicher Entwicklung vom philosophischen Idealisten und Goetheanisten der 1880er-Jahre zum Nietzscheaner, Darwinisten und Anarchoindividualisten der 1890er-Jahre und weiter zum Theosophen und Anthroposophen der Jahre zwischen 1900 und 1902. Solche Übergänge gehören zu einer vollkommen nachvollziehbaren intellektuellen Entwicklung. Psychotische Brüche, opportunistische Sprünge und religiöse Bekehrungen, von denen sowohl Gegner als auch Anhänger sprechen, gibt es nur, wenn man Steiners wechselnde Positionen von Jahr zu Jahr isoliert betrachtet und sie übertreibt, indem man andere Linien und Dimensionen ausblendet, die sich ungebrochen durch die ganze Entwicklung hindurchziehen.

Solche zusammenhängenden Linien haben wir in Steiners erkenntnistheoretischer Grundauffassung, die offen ist für eine höhere geistige Sicht, und in seiner Auffassung von Goethes Naturwissenschaft als Resultat einer solchen höheren geistigen Sicht. Beide Überzeugungen finden sich bei Steiner unverändert von 1884 bis 1925. Weder in seinem Verhältnis zu Nietzsche noch in dem zu Stirner oder Haeckel gibt er die Grundidee auf, dass des Menschen inneres Wesen geistiger Natur sei und dass die Selbsterkenntnis auf ihrer höchsten Stufe eine Mysterienerfahrung vom Wesen der Welt sei. *Steiner ist immer Mystiker,* selbst wenn die Mystik phasenweise eine Unterströmung in seinem Leben und Werk war.

Aber warum blieb sie eine Unterströmung? Warum trat er mit seiner Mystik nicht schon in seinen Jugendjahren hervor, sondern wartete damit, bis er über vierzig Jahre alt war? Warum legte er diese Mystik nicht in seinen eigenen Worten dar, sondern lieh sich dafür die Sprache der Theosophie?

Ich werde im Folgenden meine Antwort auf diese Fragen geben. Aber solche Antworten können nur auf Grundlage einer genauen Untersuchung von Steiners Leben und Werk in der betreffenden Zeit gegeben werden, das heißt in den Jahren seines aktiven, vortheosophischen Wirkens in der Zeit von 1884 bis 1902, und insbesondere seiner radikalen Phasen in Weimar und Berlin 1895 bis 1900. Eine solche Untersuchung muss Rücksicht darauf nehmen, dass es in Steiners Fall nicht um einen einzigen Übergang vom radikalen Fortschrittsglauben zur Theosophie

Rudolf Steiner als Lehrer an der Arbeiterbildungsschule Berlin, um 1900

geht, sondern eigentlich um drei Übergänge. Nachdem er sich in den Jahren von 1897 bis 1900 in Berlin als Nietzscheaner, Anarchoindividualist und Haeckelianer hervorgetan hatte, vollzog sich im Jahre 1900 ein Wechsel hin zu einer mystischen Orientierung, die sich unter anderem in einer Vorlesungsreihe über die deutsche Mystik von Meister Eckhart (1250–1327) bis Angelus Silesius (1624–1677) manifestierte. Diese Vortragsreihe hielt er als eingeladener Redner in der Theosophischen Bibliothek, ohne zuvor irgendwelche engeren Verbindungen zu diesem Milieu unterhalten zu haben. Steiner schlug also nicht den direkten Weg zur Theosophie ein, sondern er wurde als Außenstehender in das theosophische Milieu hineingeholt, wo er mit seiner Mystik im Gepäck ankommt. Erst 1902 wird er Generalsekretär der Theosophischen Gesellschaft und beginnt theosophisch geprägte Literatur zu produzieren. Dies ist ein zweiter Übergang: von der Mystik zur Theosophie. Und erst 1906 beginnt er das zu entwickeln, was man heute als seine Christologie bezeichnet, seine eigene Version von *esoterischem Christentum*. Damit haben wir von 1906 an einen dritten Übergang: diesmal von der Theosophie zum Christentum.

Oft werden diese Übergänge zusammengefasst und – eher aus praktischen Gründen – auf das Jahr 1902 datiert. Ein Prozess, der sich von 1898 bis 1906 erstreckte, also über einen Zeitraum von fast zehn Jahren, wird dadurch zu einem ungeheuren inneren Sprung stilisiert, der sich sozusagen vom einen Tag auf den anderen vollzogen habe. Es ist wichtig, sich darüber im Klaren zu sein, dass es sich um drei Übergänge handelt, nicht um einen einzigen. Ich werde mich im Folgenden vor allem auf den ersten Übergang konzentrieren: Steiners Übergang von den radikalen Denkern Stirner, Nietzsche und Haeckel hin zur Mystik. Ich stütze mich hier im Wesentlichen auf meine Steiner-Biografie von 2015, die in Norwegen unter dem Titel *Morgen ved midnatt* erschienen ist.[4]

4 Kaj Skagen: *Morgen ved midnatt*, Oslo 2015.

Das Heiligenbild

Es gibt im Wesentlichen drei verschiedene Sichtweisen auf die umstrittene Entwicklungsphase in Steiners Biografie. In der Praxis handelt es sich dabei um drei verschiedene Steiner-Bilder.

Das erste, das ich das anthroposophisch ‹korrekte› Bild nennen möchte, betrachtet Steiner retrospektiv vom anthroposophischen Weltbild aus, dabei größtenteils ausgehend von Steiners eigenen Darstellungen seines Lebens von vor 1902, die er nach 1902 vorgelegt hat, insbesondere in der 1924/25 auf dem Krankenbett verfassten Autobiografie *Mein Lebensgang,* aber auch in mehreren autobiografischen Vorträgen und Aufzeichnungen.

Wenn viele Anthroposophen Steiners Selbstdarstellung ohne Weiteres für bare Münze nehmen, vergessen sie, dass seine Selbstaussagen zumeist Beiträge in einem andauernden Streit mit den Gegnern der Anthroposophie waren. Viele von Steiners autobiografischen Fragmenten, einschließlich *Mein Lebensgang,* sind polemische und strategische Debattenbeiträge, in denen die Gewichtung und die Aussagen der Absicht folgen, Anklagen entgegenzutreten oder vor einem bestimmten Publikum in günstigem Licht zu erscheinen. Daran ist nichts Tadelnswertes. Steiner war eine rationale Person, die in ihrer Zeit etwas Konkretes erreichen wollte, und nicht ein einsamer Autor, der sich dem Projekt verschrieben hatte, der Ewigkeit die ungeschminkte Wahrheit über sich selbst zu präsentieren.

Vereinfacht gesagt zeigt das anthroposophisch korrekte Steiner-Bild eine übermenschliche und Christus gleiche Person, die nur in geringem Maße eine persönliche Entwicklung durchgemacht hat. Dieser Heilige erlebte schon als Kind eine geistige Wirklichkeit, wurde im Alter von 18, 19 Jahren von einem unbekannten esoterischen Meister eingeweiht und kannte seitdem alle wesentlichen Züge seiner welthistorischen Lebensaufgabe, nämlich der Wiedervereinigung von Wissenschaft und Religion. Dies wollte er erreichen, indem er sich die moderne, naturwissenschaftlich fundierte Weltanschauung durch Studien in Mathematik, Chemie, Physik, Naturgeschichte usw. aneignete, um danach die harte Wissenschaft mit den Einsichten der Esoterik zu durchleuchten. Er wollte den Drachen besiegen – das heißt Satan oder den zeitgenössischen Materialismus –, indem er in die Haut des Drachen schlüpfte, mit anderen Worten: er wollte den Materialismus dadurch überwinden, dass er ihn von innen heraus verstand.

Dieses Bild wurde benutzt, um Steiners affirmative Aneignung von Nietzsches blasphemischem *Antichrist* zu erklären, seine Identifikation mit Max Stirners rasendem Anarchoindividualismus und mit dem materialistischen Weltbild des Darwinisten Ernst Haeckel in den 1890er-Jahren: Der Steiner-Heilige wollte nur die Sprache des Feindes lernen, um ihn mithilfe der Theosophie und Anthroposophie leichter niederkämpfen zu können, sobald die Zeit dafür reif war. Seine Beschäftigung mit modernen Denkern und Geistesrichtungen war nur eine Vorbereitung darauf, sie alle zu überwinden, und zwar indem er sie zunächst von Grund auf verstanden hatte.

Die einzige innere Entwicklung des Heiligen seit dem Alter von 18, 19 Jahren waren der Zuwachs an Weisheit und die Vertiefung einer Esoterik, die ihm eingeschrieben war, sozusagen von Geburt an. Sein ausschweifender Bekanntenkreis in Berlin, wo er sich mit der literarischen, trinkfreudigen Künstlerboheme umgab, zeigt lediglich, dass er in diesen Jahren auf der Suche nach einem Milieu war, das es ihm erlaubte, seine esoterischen Einsichten darzulegen. Sein Übergang zu den Theosophen kam ausschließlich deshalb zustande, weil die Theosophen offen waren für die Botschaft, die Steiner aus der geistigen Welt mitbrachte. Was er in der Theosophischen Gesellschaft darlegte, hatte er ganz und gar aus sich selbst geschöpft, und die Ähnlichkeiten zwischen Theosophie und Anthroposophie sind einzig und allein dem Umstand geschuldet, dass Helena Petrovna Blavatsky und die anderen Gründerpersönlichkeiten der modernen Theosophie einen gewissen, jedoch unvollkommenen und oft verzerrten Zugang zu den gleichen Quellen hatten, die Steiner in all ihrer Reinheit und Vollständigkeit bieten konnte.

Typisch für diese anthroposophisch korrekte Steiner-Auffassung ist Guenther Wachsmuths Biografie *Rudolf Steiners Erdenleben und Wirken* von 1964.[5] Einen ähnlichen Eindruck gewinnt man auch aus Peter Selgs dreibändiger Steiner-Biografie aus dem Jahre 2012.[6]

5 Guenther Wachsmuth: *Rudolf Steiners Erdenleben und Wirken von der Jahrhundertwende bis zum Tode,* Dornach 1964.

6 Peter Selg: *Rudolf Steiner 1861–1925. Lebens- und Werkgeschichte,* 3. Bde., Arlesheim 2012.

Die Doppelgängervision

Das anthroposophisch korrekte oder fundamentalistische Bild Steiners als Heiliger hat sein Gegenstück in der gleichermaßen fundamentalistischen und psychologisch unglaubwürdigen Konstruktion eines ‹Steiner-Doppelgängers›: ein Mann, der dem Original zum Verwechseln ähnlich sieht und sich für ihn ausgeben kann, der aber in Wirklichkeit ein ganz anderer ist. Der größte Fürsprecher dieser Theorie von einem Steiner-Doppelgänger ist aktuell der deutsche Historiker und Theologe Helmut Zander. Ein weiterer ihrer Anhänger ist der norwegische Ideenhistoriker Jan-Erik Ebbestad Hansen, Verfasser des Artikels über Rudolf Steiner im wichtigsten norwegischen Lexikon, dem *Store Norske Leksikon*.

In dieser Tradition wird Steiner als ein Quacksalber oder Scharlatan dargestellt. So erfährt der Leser beispielsweise in Zanders Steiner-Biografie von 2011, dass Steiner in seiner Autobiografie erzählt, in seiner Jugend die Philosophen des deutschen Idealismus, Fichte, Schelling und Hegel, gelesen zu haben. Davon, dass diese Lektüre aufgrund der kurzen Zeit oberflächlich gewesen sein müsse, ist dort allerdings nicht die Rede. Zander hingegen meint, Steiner habe sich, was Hegel anbelangt, nur dessen bedient, «was an frei flottierendem Bildungswissen in der Luft lag».[7] Als *Beweis* dafür führt Zander an, dass es in Steiners Werk an Spuren eines eingehenden Hegel-Studiums mangele, obgleich es tatsächlich eine riesige Anzahl solcher Spuren in Steiners späterem Werk gibt, zum Beispiel in seiner zweibändigen Philosophiegeschichte von 1900/01, *Welt- und Lebensanschauungen im neunzehnten Jahrhundert*, in der nur Goethe noch größere Aufmerksamkeit als Hegel zuteilwurde.

Auch Jan-Erik Ebbestad Hansen scheint von der Existenz dieses Buchs nichts zu wissen, das immerhin Steiners mit Abstand umfangreichstes philosophisches Werk ist. In seinem biografischen Artikel im *Store Norske Leksikon* behauptet Hansen, dass Steiner Mitte der 1890er-Jahre «die Philosophie aufgab», *weil* er in den philosophischen Fachkreisen mit seiner *Philosophie der Freiheit* (1894) keinen Erfolg erzielt hatte.[8]

7 Helmut Zander: *Rudolf Steiner. Die Biographie*, München 2011, S. 30f.

8 «Steiner hatte noch immer Ambitionen auf eine akademische Karriere und bewarb sich auf mehrere Universitätsstellen. Aber seinem philosophischen

Solch minderwertige Motive wie etwa vor allem deswegen Philosophie zu betreiben, um Karriere zu machen, sind typisch für das Bild des Steiner-Doppelgängers. Aber Steiner gab die Philosophie nicht Mitte der 1890er-Jahre auf, so wie es in Hansens Lexikonartikel steht. Außer den genannten *Welt- und Lebensanschauungen* (1900/01) erschienen sowohl 1897 als auch 1899 philosophische Werke und Aufsätze von Steiners Hand. *Die Mystik* von 1901 kann zudem als Versuch Steiners angesehen werden, seine eigene Erkenntnisphilosophie mit der deutschen Mystik zu verschmelzen. Des Weiteren erschienen die *Welt- und Lebensanschauungen* 1914 in einer so stark revidierten und erweiterten Ausgabe, dass das Werk mit vollem Recht einen neuen Titel bekam, nämlich *Die Rätsel der Philosophie*. Auch die Neuausgabe der *Philosophie der Freiheit* von 1918 ist grundlegend revidiert und muss als Weiterführung von Steiners philosophischem Projekt angesehen werden. *Vom Menschenrätsel* aus dem Jahre 1916 handelt vom deutschen Idealismus, und *Von Seelenrätseln* aus dem Jahre 1917 ist der Versuch einer philosophischen Rechtfertigung der Anthroposophie. Hinzu kommen mehrere Hundert Seiten philosophischen Stoffs, der sich über das gesamte Vortragswerk verteilt, wie zum Beispiel der Zyklus über Thomas von Aquin von 1920.

Es ist klar, dass man mit einer sehr engen Definition des Begriffs Philosophie viele von Steiners philosophischen Arbeiten abtun kann, aber selbst dann verläuft keine scharfe Demarkationslinie mitten durch die 1890er-Jahre. Steiners Doktorarbeit von 1892, *Wahrheit und Wissenschaft*, nennt Ebbestad Hansen einen «Essay», und viele würden vielleicht über *Die Philosophie der Freiheit* dasselbe sagen. Fast nichts bei Steiner ist *Fachphilosophie* im strengen Sinne, wie sie sich etwa in Kants oder Hegels monumentalen Werken zeigt. Aber damit wird auch die Grenze zwischen den philosophischen Schriften ausradiert, die er vor und nach dem Übergang zur Theosophie schrieb. Meiner Meinung nach verschwindet diese Grenze ganz im Lichte von Steiners eigenem philosophischen Grundgedanken: dass die Philosophie übergehen müsse in

Projekt war kein Erfolg beschieden. *Die Philosophie der Freiheit* wurde in den akademischen Kreisen nur lauwarm aufgenommen. Für die Fachphilosophen war das Werk von geringerem Interesse, zudem repräsentierte es einen Idealismus, der von der Zeit überholt zu sein schien. Auch der ethische Individualismus wurde kein Erfolg. Eine Ethik, die sich nicht zu Biologie, Soziologie und Psychologie verhielt, hatte in der damaligen Zeit schlechte Karten. Die Folge war, dass Steiner die Philosophie aufgab.» (Jan-Erik Ebbestad Hansen, «Rudolf Steiner», *Store Norske Leksikon*. Online abrufbar unter: «https://snl.no/Rudolf_Steiner» [zuletzt abgerufen am 1. Januar 2020]).

die Mystik, genauso wie seine eigene Philosophie von Theosophie und Anthroposophie abgelöst wurde. Dieser Gedanke findet sich nicht erst bei dem älteren Steiner, nach seiner Ausarbeitung der Anthroposophie. Er kommt bereits in seinem Buch über *Die Mystik* deutlich zum Ausdruck, das auf Vorträgen aus dem Jahr 1900 aufbaut, in denen Steiner die deutsche Mystik des Mittelalters im Lichte seiner eigenen Philosophie gedeutet und in seiner eigenen Begrifflichkeit umschrieben hat.

Sowohl das anthroposophisch korrekte Heiligenbild als auch sein negatives Pendant, der Steiner-Doppelgänger, sind unsachlich und von Interessen geleitet. Steht man außerhalb des diskursiven Schlachtfeldes, erscheint dies ganz augenscheinlich und offensichtlich. Wo die pro Steiner argumentierenden Verteidigungsschriften allzu menschliche Wesenszüge seiner Person überdecken und wegdiskutieren, so etwa seine jugendliche Weltfremdheit oder strategische Aussagen in seiner Autobiografie, zeigen die Vertreter der Doppelgänger-Theorie einen augenfälligen Mangel an Wohlwollen und kehren alles an Steiner ins Schlechte.

Ein Beispiel dafür ist Zanders Beschreibung von Steiners großen Schwierigkeiten, bei der Arbeit an der Edition von Goethes naturwissenschaftlichen Schriften, die er für Joseph Kürschners *Deutsche Nationallitteratur* herausgab, die Abgabefristen einzuhalten: Immer wieder bat er um Aufschub und gab Versprechungen bezüglich der Fertigstellung, die er dann nicht halten konnte.[9] Einer der Gründe dafür war, dass der junge Student den Schwierigkeitsgrad der Arbeit unterschätzt hatte, die er auf sich genommen hatte. Das zwang ihn zu philosophischen Studien, um sich zu rüsten für das Schreiben von Einleitungen, die laut Vertrag schon längst hätten abgeliefert sein sollen. Zugleich war Steiner lebens- und weltfremd, er vergaß, fertige Arbeiten zu senden, und verkalkulierte sich bei der Zeitplanung für die noch unfertige Arbeit.

Auch wenn Steiner in der Jugend extrem zerstreut war, das Phänomen ist doch allgemeiner Natur und wohlbekannt bei jeder Art von literarischer und wissenschaftlicher Arbeit. Alle Autoren werden sich wiedererkennen in dieser Hoffnung darauf, rechtzeitig fertig zu werden, im ständig wiederholten Selbstbetrug, nächsten Monat abzuliefern oder jedenfalls vor Weihnachten, im Glauben daran, dass die letzte Version die endgültige ist, und in den ständigen Beteuerungen dem Redakteur

9 Als Herausgeber von Goethes naturwissenschaftlichen Schriften in der von Joseph Kürschner edierten *Deutschen Nationallitteratur* schrieb Steiner umfassende Einleitungen zu den von ihm zusammengestellten vier Bänden, die in fünf Teilbänden erstreckt über die Jahre 1884–1897 erschienen.

gegenüber, dass das Manuskript ganz sicher gleich nach den Osterferien komme. Doch wenn Zander Steiner dabei ertappt, dass er ein Manuskript zu senden verspricht und es nicht schafft, das Versprechen zu halten, bekommt der Leser zu wissen, dass Steiner «lügt».[10] Im Religionskrieg ist es wichtig, Steiner bei solchen «Lügen» zu ertappen, denn wie kann ein Eingeweihter lügen? Wenn Steiner seine eigenen Abgabefristen nicht einhalten kann, kann er wohl unmöglich etwas über den Astralleib des Menschen wissen.

Ein solcher Verstoß gegen das achte Gebot, das uns Luther zufolge gebietet, Gutes von unseren Nächsten zu reden und alles zum Besten zu kehren, wird sowohl von Zander als auch von Hansen häufig begangen. Wenn Zander das Verhältnis des jungen Steiner zur zeitgenössischen deutschnationalen Bewegung beschreibt, stellt er Steiner als nationalistischen Extremisten dar, ohne zu berücksichtigen, dass die große Mehrzahl der gleichaltrigen deutschnationalen Studenten an dieser Bewegung teilnahm. Steiner soll als Student der «toxischen Dosis des Nationalismus hilflos ausgeliefert» gewesen sein, wo er «in einem hochkonzentrierten nationalistischen Fahrwasser» schwamm.[11] Als Beispiel dafür, wie schlimm es um ihn stand, berichtet Zander, dass die *Deutsche Wochenschrift*, die deutschnationale Zeitung, die Steiner 1888 redigierte, von den Behörden konfisziert wurde. Was Zander jedoch nicht berichtet, ist, dass diese Zeitung von dem jüdischen Liberalen Heinrich Friedjung als Organ des *liberalen* Flügels der deutschnationalen Bewegung gegründet worden war. Zander verschweigt ebenfalls, dass die Beschlagnahmung einer Einzelnummer galt, und dass dies aufgrund eines Artikels geschah, den der Sozialdemokrat Engelbert Pernerstorfer über das österreichische Schulwesen geschrieben hatte.[12] So unterschlägt Zander Angaben, die notwendig wären, um sich ein vollständiges und korrektes Bild der Sachlage zu machen, und weicht nicht von seiner Linie ab, den Studenten Rudolf Steiner als eine Person mit für seine Zeit extremen Ansichten darzustellen, während er tatsächlich in der Masse verschwand.

Wie sehr es Zander auf Steiner abgesehen hat, zeigt sich, wenn er Steiners Angriff auf die zeitgenössische antisemitische Bewegung im Jahr 1901 beschreibt. Zander nennt Steiners Artikelserie gegen den Antisemitismus «das überraschendste Engagement» in seiner ganzen Schriftstel-

10 Helmut Zander: *Rudolf Steiner*, S. 59.
11 Helmut Zander: *Rudolf Steiner*, S. 24 und 71.
12 Vgl. Helmut Zander: *Rudolf Steiner*, S. 115.

lertätigkeit.[13] Er blendet den zeithistorischen Kontext weitgehend aus, wo dieser uns helfen könnte, Steiner besser zu verstehen, und schmälert die Bedeutung von Tatsachen, die zu Steiners Gunsten sprechen, während er gleichzeitig diejenigen Elemente überbetont, die in unseren Augen kompromittierend sein könnten.

Die Doppelgänger-Figur wird so vor allem dadurch charakterisiert, dass mittelmäßige Fähigkeiten gepaart sind mit großen Ambitionen. Die traurige Gestalt scheitert bei fast allem, was sie sich vorgenommen hat, sowohl im Berufs- als auch im Privatleben. Eine nicht zustande gekommene Liebesbeziehung, von der Steiner in seiner Autobiografie erzählt und die in einem der Theaterstücke wiederauftaucht, das er als Erwachsener schrieb, nennt Zander herablassend «eine[ ] missglückte[ ] Affäre» – als ob es sich darum gehandelt hätte, Damen zu gewinnen.[14] Zugleich schmückt er das unbelegte Gerücht aus, dass Steiner in den 1890er-Jahren Prostituierte besucht habe – hier allerdings ist es plötzlich nicht mehr die Verlegenheit, sondern der *Mangel* an Verlegenheit, der verachtenswert ist.

An Talent findet Zander so wenig bei dem jungen Steiner, dass seine Ernennung zum Herausgeber von Goethes naturwissenschaftlichen Schriften 1882 wie ein Blitz aus heiterem Himmel kommt: «Was sich da am 9. Oktober 1882 ereignet, klingt ein wenig nach der Karriere vom Tellerwäscher, der zum Millionär wird.»[15] Der einzige Grund, den Zander dafür finden kann, dass der junge Student eine Position bekam, die sonst nur an Professoren und Doktoren vergeben wurde, ist, dass der Verleger keine Zeit gehabt haben wird, seine Qualifikationen zu prüfen.

Dieses Bild von Steiner als einer gescheiterten Person begegnet uns bei Ebbestad Hansen wieder, der in dem Artikel «Rudolf Steiner & Co» Steiners Biografie bis 1902 als «Erzählung von einem jungen, sehr ehrgeizigen Intellektuellen, der bei fast allem gescheitert ist», schildert. «Er schafft es nicht», so Ebbestad Hansen, «eine universitäre Abschlussprüfung abzulegen. Aus seiner Goethe-Forschung wird wenig oder nichts. Er will Philosoph sein, aber schreibt eine philosophische Doktorarbeit, die weder damals noch seitdem auch nur irgendeine Bedeutung erlangt hat, außer bei den Anthroposophen. Er versucht mehrmals, eine Stelle an der Universität zu bekommen, ohne damit Erfolg zu haben. Seine Tätigkeit als Kulturjournalist und Zeitschriftenredakteur ist ebenfalls

13 Helmut Zander: *Rudolf Steiner,* S. 115.

14 Helmut Zander: *Rudolf Steiner,* S. 36.

15 Helmut Zander: *Rudolf Steiner,* S. 43.

nicht von Erfolg gekrönt. Hinzu kommen all die intellektuellen Sprünge. Erst als er Zugang zu den adligen und großbürgerlichen Theosophen in Berlin erhält, findet er ein Milieu, in dem er plötzlich als Hellsichtiger und Eingeweihter in die höchsten geistigen Welten aufsteigt.»[16]

Wie kann es merkwürdig sein, dass der junge Steiner es nicht schafft, ein Universitätsexamen abzulegen, wenn er niemals eine Universität besuchte, sondern auf eine technische Hochschule ging? Ebbestad Hansen weiß offenbar weder darüber Bescheid, wie das höhere Ausbildungssystem in Österreich organisiert war, noch darüber, welchen Ausbildungsweg Steiner einschlug.

Steiner als «gescheitert» zu bezeichnen, ist mehr als merkwürdig, wenn sich diese Bezeichnung auf einen Mann bezieht, der sozusagen seine ganze Karriere noch vor sich hatte, der sich aber sowohl in der Goethe- als auch in der Nietzsche-Forschung bereits als ein Pionier hervorgetan und sich als Herausgeber von Werken Goethes, Jean Pauls und Schopenhauers einen Namen gemacht hatte, der sowohl in Berlin als auch in Wien ein gefragter Vortragsredner war, Seite an Seite mit Rosa Luxemburg zu Berlins Arbeitern gesprochen hatte, und der aus so engen Verhältnissen kam, dass seine Großmutter in einem Armenhaus gestorben war. Seine Freunde aus der Wiener Zeit sahen Steiner in einem ganz anderen Licht als Zander und Ebbestad Hansen, nämlich als jemanden, der über alles Erwarten erfolgreich war. «[...] ich blieb zurück. Du stiegst aufwärts, aufwärts höher und höher», schrieb der Jugendfreund Josef Köck ihm 1890: «Und nun stehst Du schon im Licht. Oh, sag uns, was Du dort oben siehst, schildere uns die Schönheit jener uns verschlossenen großen Welt – vielleicht schöpfen wir Mut, die wir hier zurückblieben, im armen Dunkel».[17]

Der Steiner-Doppelgänger ist der Protagonist eines anti-anthroposophischen *Groschenromans*. Er ist ein Dilettant und Glücksritter, der sich zunächst als Akademiker hocharbeiten wollte, dann als freier Schriftsteller und Redakteur, und als alle diese Pläne scheiterten, hatte er das Glück auf seiner Seite und landete im großbürgerlichen theosophischen Milieu, umgeben von steinreichen Schwärmern, denen er Sand in die

16 Jan-Erik Ebbestad Hansen: «Rudolf Steiner & Co. Ny litteratur om Rudolf Steiner og den antroposofiske bevegelsen», in: *Arr. Idéhistorisk tidsskrift*, 4/2015. Online abrufbar unter: «https://arrvev.no/artikler/rudolf-steiner-co.-ny-litteratur-om-rudolf-steiner-og-den-antroposofiske-be» [zuletzt abgerufen am 21. Januar 2020].

17 Brief von Josef Köck an Rudolf Steiner, 11. Oktober 1890, abgedruckt in: *Beiträge zur Rudolf Steiner Gesamtausgabe*, Nr. 55, 1976, S. 21.

Augen streuen konnte. Zuerst hat er sich als Goethe-Forscher versucht, aber dabei blamiert, dann wollte er Philosoph werden, gab aber auf, als er keinen Erfolg hatte; schließlich versuchte er sich als Zeitschriftenredakteur im Berliner Radikalenmilieu, wo er sich damit brüstete, «Atheist und Naturalist»[18] zu sein, aber seine Zeitschrift ging ein. Er wurde zu einer mittellosen und jämmerlichen Person, die weder etwas besaß, um davon zu leben, noch etwas, um daran zu glauben. Doch dann wurde er zufälligerweise eingeladen, einen Vortrag vor adligen Theosophen zu halten. Das war wirklich Glück und ist schwer zu verstehen, denn warum wollten die Theosophen dieses gescheiterte menschliche Wrack aus Berlins Rinnstein in ihren feinen Salons empfangen? Aber es ist ja nicht leicht, sich auf Theosophen zu verstehen. Das menschliche Wrack wurde also hineingeholt, und jetzt hatte es noch mehr Glück. Dank der Begegnung mit dem jungen und schönen deutsch-russischen Adelsfräulein Marie von Sivers machte der Gescheiterte sein Glück. Zander zufolge – der im Gegensatz zu Steiners Doppelgänger tatsächlich hellsichtig ist und weiß, was vor über hundert Jahren wirklich in diesem vorging – verliebte er sich in Marie von Sivers und wurde durch seine Verliebtheit zur Theosophie gezogen. Rasch sah der Doppelgänger, dass dies die Antwort auf seine Armut, Einsamkeit und innere Leere war, und wechselte sprunghaft zur Theosophie über, in die er sich blitzschnell einlas, bevor er seine Lesefrüchte als eigene Forschung präsentierte und das sogar auf eine so listige Art und Weise, dass die Theosophen, welche die Bücher, die der Doppelgänger plagiierte, gelesen oder sogar selbst geschrieben hatten, *den Inhalt nicht wiedererkannten!* So kam es also, dass der Doppelgänger sich als hellsichtig und eingeweiht hervortun konnte und in einem etwas altmodischen, adligen und steinreichen Milieu emporkam, das leicht hinters Licht zu führen war.

18 Jan-Erik Ebbestad Hansen: «Rudolf Steiner», *Store Norske Leksikon.*

Der Gralsritter

Es gibt ein drittes Steiner-Bild. Am besten lässt es sich als das eines *Gralsritters* beschreiben. Ein solches Bild hat Christoph Lindenberg in seiner Steiner-Biografie von 1997 gezeichnet, wie schon zuvor in seinem Buch *Individualismus und offenbare Religion* von 1970, erschienen in zweiter Auflage 1995. In noch reinerer Form findet es sich in David Marc Hoffmanns Essay *Rudolf Steiners Hadesfahrt und Damaskuserlebnis* von 2011.[19] Meine eigene Sichtweise steht der von Hoffmann am nächsten.

Der methodische Unterschied zwischen Zander auf der einen und Lindenberg sowie Hoffmann auf der anderen Seite besteht darin, dass die Letztgenannten sich Steiner zwar mit ebenso großem Willen zur Wissenschaftlichkeit nähern wie Zander, dass sie dies aber mit Sympathie tun, von dem ausgehend, was man *the principle of charity* oder *die Hermeneutik des Wohlwollens* nennt. Dieses Prinzip setzt voraus, dass die andere Person ein vernunftbegabtes Wesen ist und in bestmöglichem Lichte gedeutet werden sollte.[20] Das bedeutet in Steiners Fall, dass man das Mystische, Esoterische, Anthroposophische in seinem Werk – also etwa esoterisches Christentum, okkulte Physiologie, Reinkarnation und Karma, Meditationslehre mit verschiedenen Stufen der Erleuchtung usw. – nicht von vornherein als etwas ansieht, das er von anderen Autoren übernommen oder bloß erfunden habe, oder es gar als Ausdruck von Verrücktheit liest. Der wohlwollende Forscher wird stets davon ausgehen, dass Steiner es mit allen seinen schriftlichen und mündlichen Aussagen ehrlich gemeint hat, und er wird untersuchen, ob es nicht möglich ist, sie in einen Horizont einzuordnen, von dem man annehmen kann, er sei tatsächlich derjenige Steiners, und den zugleich andere Menschen mit gutem Willen verstehend nachvollziehen können.

Diese wohlwollende Position kann der Biograf einnehmen, ohne zum *objektiven Wahrheitsgehalt* von Esoterik und Anthroposophie

19 David Marc Hoffmann: «Rudolf Steiners Hadesfahrt und Damaskuserlebnis. Vom Goetheanismus, Individualismus, Nietzscheanismus, Anarchismus und Antichristentum zur Anthroposophie», in: Rahel Uhlenhoff (Hrsg.): *Anthroposophie in Geschichte und Gegenwart,* Berlin 2011, S. 89–123.

20 Terje Sparby (Hrsg.): *Rudolf Steiner som filosof,* Oslo 2013, S. 12 f.

Stellung zu beziehen. Der wohlwollende Biograf wird untersuchen, ob das Weltbild, das Steiner als das seinige dargestellt hat, als zusammenhängend und rational möglich angesehen werden kann. Schließlich hat die Anthroposophische Gesellschaft weltweit rund 50000 Mitglieder, und nicht alle von ihnen können verrückt sein. Für diese wohlwollende Annäherung kann es genügen, anzunehmen, dass Steiner selbst seine Tätigkeit auf eine ihm eigene höhere Fähigkeit zur Hellsichtigkeit zurückführte, die er durch sein ganzes Wirken von 1884 an kontinuierlich beschrieb, und dass die Anthroposophie als Lehre auf verständliche Weise dargestellt und dass für sie rational argumentiert werden kann. Als Beispiel für diese Haltung kann der Theologe Gerhard Wehr angeführt werden, der mit der gleichen Einfühlung Biografien über Steiner, den christlichen Mystiker Jakob Böhme, den Tiefenpsychologen Carl Gustav Jung und den Philosophen Martin Buber geschrieben hat. Eine wohlwollende oder sympathiegetragene Annäherung bedeutet natürlich nicht, dass man Tatsachen verbiegen kann. Es bedeutet, wie Hoffmann sagt, dass sowohl anthroposophische als auch nicht-anthroposophische Wissenschaftler sich auf die Kunst und Wissenschaft der Auslegung, auf die Deutung von Sachverhalten und allfälligen Widersprüchen in Steiners Lebenslauf konzentrieren sollten und dabei ideologisch motivierte Verschönerungen oder Verurteilungen vermeiden.[21]

Sowohl Lindenberg als auch Hoffmann stehen in einer anthroposophischen Tradition, aber sie versuchen, ihr nachzukommen, ohne die üblichen akademischen Anforderungen wie Dokumentation, Argumentation, kritische Annäherung, Quellenkritik zu vernachlässigen. Gleichzeitig muss jedoch, wer eine Biografie über einen Mystiker schreiben möchte, offen sein für die Annahme, dass es die Geisteswelt des Mystikers, zu der die allermeisten keinen unmittelbaren Zugang haben, durchaus geben *kann*. Das bedeutet nicht, dass man an Steiner glauben oder die Anthroposophie als Wissenschaft über den Geist akzeptieren muss, aber es bedeutet, dass man dem Lebenslauf und dem Werk wie einer Erzählung zuhören muss, fast so, wie man sich in eine fiktionale Geschichte einlebt.[22] Tut man dies nicht, gelangt man nie auf die Innenseite

21 David Marc Hoffmann: «Rudolf Steiners Hadesfahrt und Damaskuserlebnis», S. 119f.

22 Steiner sagt selbst über diese Annäherung: «Das [die okkulten Einsichten] muss man [der Uneingeweihte] zunächst glauben – nein, man braucht es nicht einmal zu glauben, man nehme es nur unbefangen als eine Erzählung hin. So wahr aber, wie nicht alle Gläubigen der ‹Natürlichen Schöpfungsgeschichte› [von Ernst Haeckel] gesehen haben, was in ihr an Tatsachen angeführt ist

des Lebenslaufs und des Werkes, das man verstehen und beschreiben will. Sinn und Zweck einer biografischen Arbeit kann ja nicht sein, zu beurteilen, ob die Gedanken einer Person objektiv wahr oder falsch sind, es geht vielmehr darum, zu verstehen, wie die Person war und dachte. Deshalb muss man, wenn es um eine Person wie Rudolf Steiner geht, versuchen, sein Leben und Werk in einer mystisch-religiösen Perspektive zu sehen – *als eine Möglichkeit.*

Hoffmanns Essay treibt Steiners geistige Odyssee durch den Radikalismus der 1890er-Jahre auf die Spitze. Er begreift auch die Goethe-Deutungen des jungen Steiner in den 1880er-Jahren als einen Schritt in Richtung Freidenkertum und Radikalismus, weil Steiner in dieser frühen Phase die Existenz eines persönlichen Gottes außerhalb der Welt abstreitet und für eine eher pantheistische Gottesvorstellung eintritt. Hier stimme ich nicht mit Hoffmann überein, dass dies *für Steiner* einen Schritt in eine radikale, atheistische Richtung bedeutet. Weder als Kind bzw. Jugendlicher noch als junger Mann hing Steiner einer persönlichen, menschengleichen Gottesvorstellung an, sodass für ihn persönlich der Pantheismus nicht automatisch eine Annäherung an Stirner und Nietzsche war. Aber Hoffmann hat recht damit, dass ein solcher Pantheismus, in dem Gott sozusagen aufgelöst wird zu einer schaffenden und erhaltenden Kraft in der Natur und im Menschen, eine Art Identität zwischen Gott und dem Menschen herstellt, die eine Befreiung von aller äußerer Religion ermöglicht und das Individuum dazu ermutigt, sich auf seine eigenen Ideen und Entscheidungen zu verlassen. Die Verleugnung eines persönlichen Gottes kann durchaus in einen prometheischen Individualismus übergehen und zu einer Auflehnung gegen alle Autoritäten, zu einem nietzscheanischen Hass auf das Christentum und alle Religion führen, und davon kann man bei Steiner in den 1890er-Jahren viele Spuren finden.

Hoffmann porträtiert Steiner also als Prototyp des Aufrührers gegen die alte christliche Ordnung. Aber dieser Aufrührer, das freie Individuum, das keinerlei Herren oder Normen über sich akzeptiert, ist zugleich ein zerrissenes Wesen. Dank all seiner *Ismen* – in Steiners Fall *Goetheanismus, Individualismus, Nietzscheanismus, Anarchismus, Atheis-*

– denn wie viele sind es, die diese Tatsachen wirklich gesehen haben –, ebenso wenig kann man die Tatsache der Erkenntnis des Übersinnlichen hier jedermann vorweisen.» (Rudolf Steiner: «Haeckel, die Welträtsel und die Theosophie», Vortrag, Berlin, 5. Oktober 1905, in: *Lucifer - Gnosis. Grundlegende Aufsätze zur Anthroposophie und Berichte aus den Zeitschriften «Luzifer» und «Lucifer - Gnosis» 1903–1908,* GA 34, 2. Aufl. Dornach 1987, S. 235.)

mus – hat dieses freie, moderne Individuum ganz und gar aufgeräumt mit den traditionellen Werten, die die Menschen vorher brauchten, um ein sinnerfülltes Leben zu führen, und die notwendig waren, damit die gesellschaftlichen Institutionen nicht der Korruption und der Unberechenbarkeit verfielen. Der Individualismus ist ein Ziel, das man hinter sich lassen muss, sobald es erreicht ist, weil das freie Individuum eine selbstzerstörerische Einheit ist. Der freie Übermensch schafft es gerade noch, seine Freiheit und sein Alleinsein zu feiern, bevor die Welt und die Menschen um ihn herum ihre Bedeutung und Realität verlieren, austrocknen und sterben.

Hier sieht Hoffmann eine allgemeine Gesetzmäßigkeit der modernen Individualisierung am Werk. Der Mensch reißt sich los von Kirche, Familie, Gesellschaft und Nation, er gibt allen Glauben an eine höhere Welt und an ein Leben nach dem Tode auf, verwirft alle Ideale und alten Tugenden wie Selbstdisziplin und Selbstaufopferung. Stattdessen wird die Selbstverwirklichung zur einzigen Triebkraft des Menschen. Aber nach und nach vollzieht sich diese in einem leeren Raum, in einer Welt ohne Bedeutung für das Subjekt. Die Selbstverwirklichung führt damit zu einer Art innerem Tod; das Individuum lebt weiter, doch ohne Motiv oder Sinn, in einer leeren Welt. Das freie Individuum ist somit in eine Hölle auf Erde hineingeraten.

Diesen Prozess findet Hoffmann in Steiners *Das Christentum als mystische Tatsache* von 1902 beschrieben. Hier schildert Steiner die sogenannte *Hadesfahrt* als eine Phase im Prozess der mystischen Einweihung. Wer diese Einweihung erlebt, den Übergang zu einer direkten und persönlichen Erfahrung der Geisteswelt, der ist unterwegs einer großen Gefahr ausgesetzt, schreibt Steiner in diesem Buch, nämlich der, dass er «seine Empfindungen und Gefühle für die unmittelbare Wirklichkeit verliert und sich keine neue vor ihm auftut». Der Mensch, so Steiner weiter, «schwebt dann wie im Leeren. Er kommt sich wie abgestorben vor. Die alten Werte sind dahin, und keine neuen sind ihm erstanden. Die Welt und der Mensch sind dann für ihn nicht mehr vorhanden.»[23]

Die Schilderung dieses kritischen Erlebnisses benutzt Hoffmann als «autobiografischen Schlüssel», um Steiners Biografie von der Goethe-Arbeit in den 1880er-Jahren bis zum Übergang zur Theosophie 1902 zu verstehen. Er überträgt das Krisenerlebnis der selbst verzehrenden Isolation des Individuums, wie es in *Das Christentum als mystische Tatsache*

23 Rudolf Steiner: *Das Christentum als mystische Tatsache und die Mysterien des Altertums,* GA 8, 9. Aufl. Dornach 1989, S. 22f.

beschrieben wird, auf Steiners persönliches Leben Ende der 1890er-Jahre. Steiners Kritik und Verwerfung des Christentums, sein Nietzscheanismus und Anarchoindividualismus sollen seine persönliche *Hadesfahrt* sein, die ihn mit seinem individuellen und existenziellen *Nichts* konfrontierte. Steiner hatte den Zugang zu Gott und zur Geisteswelt verloren, den er in der Kindheit in Form von hellseherischen Fähigkeiten und Erlebnissen gehabt hatte. Sein extremer Individualismus hatte ihn von der Gesellschaft und den Mitmenschen isoliert. Damit erliegt er Ende der 1890er-Jahre dem *modernen Tod*, dem kein Mensch entkommen kann, und der bei einem christlichen Mystiker wie Johannes vom Kreuz «die dunkle Nacht der Seele» genannt wird, wo nichts mehr eine wirkliche Existenz oder einen wirklichen Wert hat. In diesem Dunkel, diesem Nichts soll Steiner eine Art *Damaskuserlebnis* gehabt haben.

Der Begriff *Damaskuserlebnis* spielt natürlich auf Saulus an, der die Verfolgung der ersten Christen leitete, indem er «mit Drohen und Morden wider die Jünger des Herrn» schnaubte, wie es in der Apostelgeschichte heißt. Auf dem Weg nach Damaskus, wo er alle Christen gefangen nehmen und in einem Gefangenentransport nach Jerusalem überführen wollte, wurde Saulus plötzlich von einem strahlenden Licht auf den Boden geworfen, in dem der auferstandene Christus sich ihm offenbarte, woraufhin Saulus zum Apostel Paulus wurde, einem der ersten und wichtigsten Theologen und Strategen des Christentums. Eine solche Geistesoffenbarung soll Steiner um 1900 zuteilgeworden sein und ihm die Augen für neue Einsichten in die Geisteswelt geöffnet haben. Das praktische Resultat dieser Offenbarung liegt in Steiners Werk und in der anthroposophischen Bewegung vor.

Bei Hoffmann sind Steiners Radikalismus und Freidenkertum in den 1890er-Jahren gerahmt von seinen Kindheitserlebnissen mit unsterblichen Seelen und seiner späteren Anthroposophie. So wird Steiners Biografie zur *Fallstudie* einer zivilisatorischen Entwicklung, die mit einem goldenen Zeitalter beginnt, in dem die Menschen in direktem Kontakt mit den Göttern leben, bevor sie auf einem vieltausendjährigen Fußmarsch in die äußerste Isolation vertrieben werden, wo sie in unseren Tagen eintreffen, eine Krise, aus der das Individuum durch eine neue Mysterienerfahrung, die in der Anthroposophie dargelegt ist, erlöst werden kann.

So erweist sich Steiner in Hoffmanns Essay zugleich als ein *Gralsritter* oder eine Parzival-Gestalt. In der Gralslegende wächst Parzival, der zur Erlösung der Gemeinschaft ausersehene Held, im Wald auf, ohne

Kontakt zu anderen Menschen als der eigenen Mutter, eine symbolische Darstellung seiner Unverdorbenheit und seiner Nähe zum Göttlichen. Er durchläuft dann eine lange Phase der Gottlosigkeit, die gleichzeitig eine Suche nach dem *heiligen Gral* ist, jenem Kelch, der das esoterische Christentum symbolisiert, das heißt dessen wirkliche, tiefe und echte Form, die von den symbolischen und populären Versionen des Christentums verdeckt wird. In dieser Erzählung wird Steiner zum Vorreiter in einem Menschheitsdrama, dessen Plot auf der Erzählung von einem goldenen Zeitalter aufbaut, das im Laufe einer Wüstenwanderung verloren wird, bevor ein durch die Anthroposophie neu verstandenes Christentum die sterbende Zivilisation erlöst und wiederbelebt.

Die «Zäsur» in Steiners Entwicklung

Der entscheidende Punkt in dem langen Streit um Steiners Biografie ist der Übergang zur Mystik im Jahre 1900, zur Theosophie 1902 und zu einem esoterischen Christentum 1906. Der wichtigste Grund dafür, dass manche dies als eine «Zäsur» sehen – Zäsur verstanden als ein Sprung ohne innere Logik –, ist, wie gesagt, dass man diesen fast zehn Jahre andauernden Prozess zu einem einzigen Schritt zusammengefasst hat, der sich beinahe von einem Tag auf den anderen vollzogen haben soll. Dieses Missverständnis von einer abrupten Veränderung der Lebens- und Weltanschauung Steiners wird oft durch eine andere Fiktion untermauert, nämlich der, dass Steiner jäh das Milieu gewechselt habe: von der literarischen Boheme Berlins zu den Theosophen. Aber auch dieser Milieuwechsel erstreckte sich über mehrere Jahre, von 1898 bis mindestens 1902.

Ende der 1890er-Jahre nahm Steiner einige Zeit am Berliner Nachtleben teil, zusammen mit bekannten Künstlern, Autoren und Trunkenbolden. Als Redakteur der literarischen Wochenschrift *Magazin für Litteratur* stellte er sich in den kulturellen Debatten oft auf die Seite der Radikalen und Freidenker. Er unterstützte Zola in der Dreyfusaffäre, erklärte sich zum Anarchisten, griff die Theosophen und das Christentum an, befürwortete den Darwinismus und verteidigte den Materialisten Ernst Haeckel. Außerdem war er schon seit Langem als Anhänger Nietzsches bekannt. Steiner war Lehrer an der Arbeiterbildungsschule, einer sozialistischen Abendschule für junge Arbeiter, und er sprach auf großen Arbeiterversammlungen.

Wie konnte solch ein erklärter antichristlicher Anarchist, Darwinist und Freidenker plötzlich und ohne Vorwarnung Theosoph und Okkultist werden? Wird die Frage so formuliert, wird unterschlagen, dass Steiner bereits 1899, zu einer Zeit, als er ein gefragter Vortragsredner im Berliner Arbeitermilieu war, fast zwei Jahre vor seiner Vortragsreihe über die Mystik in der Theosophischen Bibliothek im Herbst 1900, und drei Jahre vor dem Übergang zu den Theosophen 1902, offen und sympathisierend über die christliche Mystik sprach.[24] *Es gibt keinen plötzlichen Übergang zu Mystik und Theosophie bei Steiner.* Der Übergang erstreckte sich über einen Zeitraum von mehreren Jahren. Außerdem hatte Steiner schon zuvor eine theosophische Phase gehabt, nämlich in den 1880er-Jahren in Wien.[25]

Das Gleiche gilt für sein Verhältnis zu Nietzsche, Stirner und Haeckel. Sein Verhältnis zu all diesen Denkern ist durch eine Verlaufskurve gekennzeichnet, bei der anfängliches begeistertes Anhängertum später zu Kritik oder Neutralität abkühlte. Dies geschah in allen drei Fällen, *bevor* Steiners Kontakt zu den Theosophen in Berlin angebahnt wurde. *Es gibt bei Steiner keinen Bruch mit Nietzsche, Stirner oder Haeckel, der an seinen Übergang zur Mystik 1900 oder zur Theosophie 1902 geknüpft ist.* Die Loslösungen vom Nietzscheanismus, Anarchismus und Haeckelianismus geschahen über einen Zeitraum von mehreren Jahren. Seine Abrechnungen mit Max Stirner, John Henry Mackay und dem Anarchoindividualismus waren persönlich dramatisch. Es ist wahrscheinlich, dass Steiner durch sein Einleben in Nietzsche, Stirner und Haeckel einen anderen Weg hätte gehen können als den, den er dann tatsächlich wählte, etwa in Richtung eines radikalen Sozialismus. Aber er hat diese Wahl, die er selbst im Nachhinein als eine Krise oder «Prüfung» bezeichnete, getroffen und die persönliche, innere Krise gelöst, *bevor* er in Kontakt mit den Theosophen in Berlin kam.

24 Siehe Steiners Äußerungen über Böhme in: Rudolf Steiner: «Der Egoismus in der Philosophie», wiederabgedruckt unter dem Titel «Der Individualismus in der Philosophie» in: *Methodische Grundlagen der Anthroposophie 1884–1901,* GA 30, 3. Aufl. Dornach 1989, S. 99–152, hier S. 121 f. und Kaj Skagen: *Morgen ved midnatt,* S. 799–804.

25 Siehe dazu ausführlich Kaj Skagen: *Morgen ved midnatt,* S. 370–395.

Nietzsche

Steiners intensiveres Verhältnis zu Nietzsche begann durch seine Bekanntschaft mit Nietzsches Schwester Elisabeth Förster-Nietzsche, die 1894 ins Goethe- und Schiller-Archiv in Weimar zu Besuch kam, wo Steiner zu dieser Zeit als Goethe-Herausgeber tätig war. Sie war auf der Suche nach Inspiration für die Etablierung eines Nietzsche-Archivs in der nahegelegenen Stadt Naumburg, in der Nietzsches Elternhaus lag. In Naumburg befanden sich Nietzsches Bibliothek und seine Papiere, unter anderem die Manuskripte zu den noch nicht herausgegebenen Werken *Ecce homo* und *Der Antichrist*, und hier wohnte Elisabeth zusammen mit ihrer Mutter und dem in geistiger Umnachtung lebenden Bruder, der die meiste Zeit schlafend oder vor sich hin brummend auf dem Bett oder Sofa in einem Zimmer in der ersten Etage des Hauses verbrachte.

Hierhin wurde Steiner eingeladen. Nietzsches physische Nähe, die Lesung unbekannter Werke im kleinen Kreis, die Ordnung von Nietzsches Bibliothek, mit deren Katalogisierung Steiner betraut wurde, und die zeitweilige Hoffnung, Herausgeber von Nietzsches nachgelassenen Schriften zu werden, waren für Steiner prägende Erfahrungen. Er hatte *Jenseits von Gut und Böse*, *Zur Genealogie der Moral* und sicherlich auch Nietzsches sonstige Hauptwerke gelesen, und er erlebte Nietzsches Philosophie als anderen, jedoch nicht konsequent zu Ende geführten Ausdruck seiner eigenen Philosophie. Wenn Nietzsche im Besitz seiner Vernunft geblieben wäre, schrieb er in einem Brief an eine Wiener Vertraute, hätte dieser Steiners eigene Philosophie verstanden, die auf dem Gebiet der Ethik eine Weiterführung von Nietzsche darstellte. Über *Der Antichrist* schrieb er, er habe seine «eigenen Empfindungen in jedem Satze wiedergefunden».[26]

1895 schrieb er das Buch *Friedrich Nietzsche. Ein Kämpfer gegen seine Zeit*, das Helmut Zander als eine reine Lobeshymne bezeichnet, verfasst von einem gläubigen Nietzscheaner: Mit diesem Buch habe sich Steiner «in aller Öffentlichkeit als bekennender Parteigänger Nietzsches» präsentiert und dessen «Grundpositionen [...] euphorisch» zuge-

26 Brief an Pauline Specht, 23. Dezember 1894, in: Rudolf Steiner: *Briefe II: 1890–1925*, GA 39, 2. Aufl. Dornach 1987, S. 238.

stimmt, zudem habe er Nietzsches «Kritik an der Metaphysik und allen Idealismen» übernommen und Nietzsches «biologistische[ ] Argumente» herauskristallisiert.[27]

Das ist so nicht richtig.

Steiners Buch zeigt in aller wünschenswerten Deutlichkeit, dass er sich selbst *als Denkertyp* in Nietzsche wiederzuerkennen meinte und dass er viele von Nietzsches Ansätzen und einzelnen Betrachtungsweisen teilte, ohne dass er jedoch deshalb gleich Nietzsches Werk in seiner Gesamtheit gutgeheißen hätte. Es wäre zutreffender, zu sagen, dass Steiner Nietzsche so umdeutete, dass er ihm selbst ähnelte. Steiner vereinnahmte Nietzsches Begriffe und Metaphern und benutzte die nietzscheanische Sprache, um eine neue Version seiner eigenen *Philosophie der Freiheit* zu schreiben.

Nietzsches «Übermensch» wird in *Friedrich Nietzsche. Ein Kämpfer gegen seine Zeit* als ein Mensch mit außergewöhnlichen Erkenntnisfähigkeiten gedeutet, als einer, der das Wesen der Welt mithilfe von höheren Geistesorganen erfasst und keinen religiösen oder wissenschaftlichen Aberglauben benötigt, um sich die Welt zu erklären. Nietzsches Einteilung der Menschheit in «starke» und «schwache» Menschen, verstand Steiner in Übereinstimmung mit seiner *Philosophie der Freiheit* als eine Unterscheidung zwischen denen, die den Gedanken für möglich halten, die Wahrheit über die Welt zu erkennen, und denjenigen, die diese Möglichkeit anzweifeln. Nietzsches «Willen zur Macht» identifizierte Steiner mit seinem eigenen «ethischen Individualismus», der besagte, dass das Individuum all seine Handlungskraft aus sich selbst nehmen müsse. Nietzsches dionysischer Geist wurde zu einer Persönlichkeit, die die Fähigkeit hatte, sich «gedankliche Triebfedern» ihres Handelns zu schaffen, das heißt zu einer Persönlichkeit, deren Motive für Leben und Handeln vollständig frei von ihren Leidenschaften und Gefühlen sowie von Umwelteinflüssen und biologischem Erbe waren – eigentlich genau das Gegenteil von dem, was Nietzsche im Sinn gehabt hatte. Wo solche Umdeutungen nicht funktionierten, schrieb Steiner nur über Nietzsche.[28]

27 Helmut Zander: *Anthroposophie in Deutschland. Theosophische Weltanschauung und gesellschaftliche Praxis 1884–1945*, Göttingen 2008, S. 518f.

28 Rudolf Steiner: *Friedrich Nietzsche. Ein Kämpfer gegen seine Zeit*, GA 5, 5. Aufl. Basel 2019, S. 93; vgl. ausführlich Kaj Skagen: *Morgen ved midnatt*, S. 600–612.

Und wo es Steiner nicht möglich war, über Nietzsche zu schreiben, zum Beispiel wenn Nietzsche von moralischen Instinkten spricht, die die Moral in Abhängigkeit von der Biologie und dem Körper bringen – dem Gegenteil von dem, was Steiner selbst propagierte –, führte Steiner einfach den Begriff «geistige Instinkte» ein, um Nietzsche sozusagen wieder in Ordnung zu bringen. Zur Sicherheit referierte Steiner noch explizit auf die Ethik in seiner eigenen *Philosophie der Freiheit*, von der er meinte, dass sie in «Nietzsches Ausführungen» fehle, die man aber gut dort einbringen könne, ja sogar müsse, denn derjenige, der Nietzsches Moralphilosophie konsequent durchdenke, gelange mit Notwendigkeit zu Steiners ethischem Individualismus.[29] Ohne diese Hinzufügung, schrieb er, wäre Nietzsches dionysischer Mensch keine freie Persönlichkeit, sondern «ein Knecht seiner eigenen Instinkte».[30] So enthält Steiners Buch über Nietzsche eine positive Wertung von Nietzsche *als Person und Denkertyp*, es ist aber gleichzeitig eine Verzerrung und Umdeutung von Nietzsches Philosophie in eine idealistische Richtung.

Es gibt viele euphorische Augenblicke in Steiners Werk, wenn von Nietzsche die Rede ist. Aber im Sommer 1900 schrieb er in dem Artikel «Die Philosophie Friedrich Nietzsches als psycho-pathologisches Problem», dass Nietzsche an einem krankhaften «Mangel des Sinnes für objektive Wahrheit» gelitten habe.[31] Steiner hatte nun seine Sicht auf Nietzsches Philosophie gründlich revidiert und nannte die Idee vom Übermenschen, die er 1895 als Ausdruck seiner eigenen Auffassung in *Die Philosophie der Freiheit* gesehen hatte, ein Ergebnis von Nietzsches «Sinn für Zerstörung».[32] Von Nietzsches *Antichrist*, den er 1895 als eine Verteidigung des freien Geistes beschrieben hatte, behauptete Steiner jetzt, das Werk sei voll von «ärgsten Widersprüchen».[33] Nietzsches Einschätzung der sozialen Frage bezeichnete er als «ans Engherzige grenzend[ ]».[34]

29 Rudolf Steiner: *Friedrich Nietzsche*, GA 5, S. 91 f.

30 Rudolf Steiner: *Friedrich Nietzsche*, GA 5, S. 92.

31 Der Artikel «Die Philosophie Friedrich Nietzsches als psycho-pathologisches Problem» wurde in zwei Teilen gedruckt, die am 29. Juli und 5. August 1900 in der *Wiener Klinischen Rundschau* erschienen. Am 16. September 1900 folgte in derselben Zeitschrift der Artikel «Friedrich Nietzsches Persönlichkeit und die Psycho-Pathologie». Die Aufsätze sind abgedruckt in: Rudolf Steiner: *Friedrich Nietzsche. Ein Kämpfer gegen seine Zeit.* Erweitert um drei Aufsätze über Friedrich Nietzsche aus dem Jahre 1900 und um ein Kapitel aus «Mein Lebensgang», GA 5, 5. Aufl. Dornach 2019, S. 127–170, hier S. 128.

32 Rudolf Steiner: «Die Philosophie Friedrich Nietzsches», GA 5, S. 141.

33 Rudolf Steiner: «Die Philosophie Friedrich Nietzsches», GA 5, S. 142.

34 Rudolf Steiner: «Die Philosophie Friedrich Nietzsches», GA 5, S. 146.

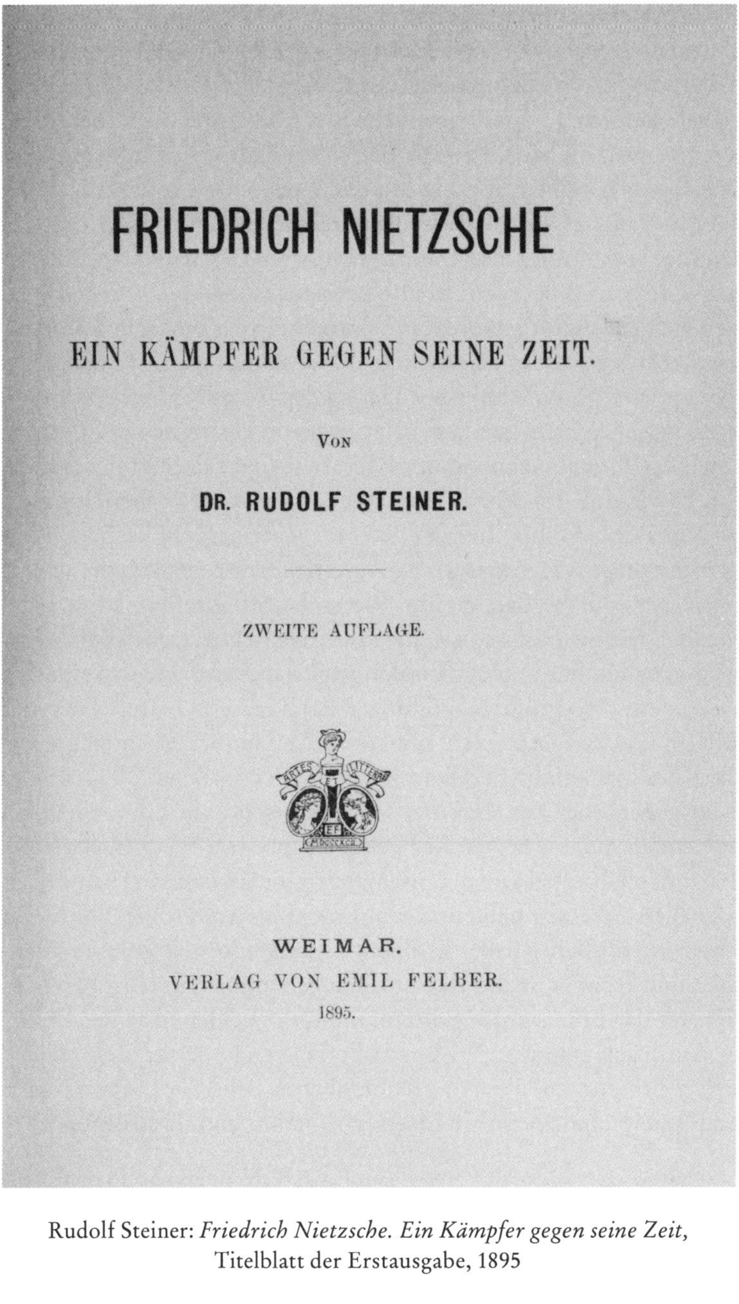

FRIEDRICH NIETZSCHE

EIN KÄMPFER GEGEN SEINE ZEIT.

Von

DR. RUDOLF STEINER.

ZWEITE AUFLAGE.

WEIMAR.
VERLAG VON EMIL FELBER.
1895.

Rudolf Steiner: *Friedrich Nietzsche. Ein Kämpfer gegen seine Zeit,*
Titelblatt der Erstausgabe, 1895

Noch stärker äußerte sich die Kritik in Steiners im Frühherbst 1900 erschienenem Aufsatz «Friedrich Nietzsches Persönlichkeit und die Psycho-Pathologie».[35] Nietzsche sei kein origineller Denker gewesen, sondern habe nur einige einseitige und höchst widersprüchliche Schlüsse aus Ideen gezogen, die in der zeitgenössischen Kultur bereitgelegen hätten. Nietzsche solle keinen Kontakt mit der Wirklichkeit und keine Ahnung gehabt haben, was seine Zeit brauchte. Er habe sich von der darwinistischen Idee vom Kampf ums Dasein faszinieren lassen und eine Karikatur dieser Idee gezeichnet, von der er besessen gewesen sei, sodass ihm alles in der Welt gleichgültig wurde, mit Ausnahme des brutalen Kampfes für die Unterdrückung der Schwächeren. Nietzsches ganze Philosophie sei nichts anderes als ein abnormer Darwinismus, die extreme Form eines zeitgenössischen Denkens, das sich bereits im Untergang befinde.

Steiners Totalabrechnung mit Nietzsche und seiner Philosophie folgte direkt auf eine öffentliche Auseinandersetzung zwischen Steiner und dem Nietzsche-Archiv, bei der Steiner offen gegen Elisabeth Förster-Nietzsche vorgegangen war. Diese Auseinandersetzung kappte sicherlich Steiners persönliche Bande zum Nietzsche-Milieu. Man kann sich gut vorstellen, wie die Faszination, die ihn lange in Nietzsches Bannkreis gefangen gehalten hatte, plötzlich dahinschwand und wie diese Faszination, nachdem er so große Bemühungen dareingesetzt hatte, Nietzsche zu verstehen und zu idealisieren, mit einem Mal in ihr Gegenteil umschlug. Seine Kritik jedenfalls fiel dann im Laufe des Herbstes 1900 wieder etwas ausgeglichener aus. In einer Gedächtnisrede im Literatenkreis der *Kommenden* am 13. September 1900, knapp drei Wochen nach Nietzsches Tod, blieb er bei seiner Einschätzung, dass Nietzsche keine geistige Originalität besessen habe und wohl nicht als ein großer Philosoph in Erinnerung bleiben würde. Er habe, hieß es nun, wie kein anderer die Leiden und Irrwege seiner Zeit auf sich genommen, unter ihnen wie ein «Märtyrer der Erkenntnis» gelitten und diese Leiden in seiner Dichtung zum Ausdruck gebracht.[36] Zwar habe Nietzsche seiner Zeit nichts Zukunftsgerichtetes anzubieten gehabt, aber er habe die Leere seiner Epoche aufgezeigt, indem er ihre Ideen ernst nahm und sie auslebte.

35 Rudolf Steiner: «Friedrich Nietzsches Persönlichkeit und die Psycho-Pathologie», in: *Friedrich Nietzsche. Ein Kämpfer gegen seine Zeit.* Erweitert um drei Aufsätze über Friedrich Nietzsche aus dem Jahre 1900 und um ein Kapitel aus «Mein Lebensgang». GA 5, 5. Aufl. Dornach 2019, S. 153–170.

36 Rudolf Steiner: «Die Persönlichkeit Friedrich Nietzsches. Eine Gedächtnisrede», in: *Friedrich Nietzsche. Ein Kämpfer gegen seine Zeit,* GA 5, 5. Aufl. Dornach 2019, S. 182.

Einladungskarte zur Abendveranstaltung der «Kommenden» am 13. 9. 1900, bei der Rudolf Steiner über Friedrich Nietzsche sprach, Zeichnung: Else Lasker-Schüler

So wurde Steiners Loslösung von Nietzsche, die im Laufe des Jahres 1900 vonstattenging, mit dieser letzten versöhnlichen Gedächtnisrede am 13. September abgeschlossen. Das Datum ist wichtig. Denn an diesem Tag – oder nach einer der beiden anderen «Gedächtnisreden» auf Nietzsche, die Steiner im September 1900 in Berlin hielt – wurde er von Adele Schwiebs, einem Mitglied der Deutschen Theosophischen Gesellschaft, gefragt, ob er nicht vor den Theosophen in ihrem Forum, der *Theosophischen Bibliothek*, über Friedrich Nietzsche sprechen wolle, was er dann am 22. September auch wirklich tat.

Steiner hatte zu diesem Zeitpunkt den langen Prozess seiner Auseinandersetzung mit Nietzsche beendet. Nachdem er Nietzsche Ende der 1880er-Jahre zunächst eher skeptisch gegenübergestanden war, hatte er sich dank des persönlichen Kontakts mit Nietzsches Familie intensiv in dessen Werk eingelebt und versucht, es mit seinem eigenen Denken zu versöhnen. Darauf war wiederum eine Phase starker Kritik gefolgt, die schließlich in eine distanzierte, aber in gewisser Weise ausgewogene Akzeptanz mündete. Dieser gesamte Entwicklungsgang war zum Abschluss gekommen, bevor Steiner in Kontakt mit den Theosophen in Berlin kam.

Es ist also nicht so, dass Steiner Nietzsches «bekennender Parteigänger» gewesen wäre, in dem Sinne, dass er von Beginn an und ausnahmslos alle Ansichten von Nietzsche geteilt hätte, wie Zander schreibt.[37] Steiner hat Nietzsches Biologismus niemals bejaht und auch dessen Aufteilung der Menschheit in Herren und Sklaven nicht. Außerdem gab es keine wirklich abrupte Veränderung in Steiners Verhältnis zu Nietzsche. Es war vielmehr ein Prozess, der sich über viele Jahre erstreckte und der von früher Skepsis über ein intensives Einleben und darauffolgende Abwehrreaktionen führte und schließlich in einen Ausgleich mündete. Der Bruch mit Nietzsche kam schrittweise, Steiner mag ihn vielleicht sogar hinausgezögert haben in der Hoffnung, eine Aufgabe als Nietzsche-Herausgeber zugeteilt zu bekommen, bis der Bruch schließlich im Jahre 1900 vollzogen wurde.

Um den Hauptpunkt zu wiederholen: *Steiner war kein Nietzscheaner, als er in Kontakt mit den Theosophen in Berlin kam.* Es verhält sich also nicht so, dass er von den Theosophen vereinnahmt worden wäre, eine Chance gesehen hätte, bei ihnen Karriere zu machen, und dafür seine nietzscheanische Überzeugung über Bord geworfen hätte, wie Zander andeutet. Eine solche Vorstellung ist auf der Grundlage von mangelnden Kenntnissen zusammenphantasiert. Steiners Verhältnis zu Nietzsche war bereits *vor* dem Treffen mit den Theosophen geklärt. Das Gleiche gilt für sein Verhältnis zu Stirner und dem Anarchismus.

37 Helmut Zander: *Anthroposophie in Deutschland,* S. 518.

Stirner

Rudolf Steiner erwähnt den Namen Max Stirner erstmals in einer Rezension, die er 1892 über das Buch *Max Stirner und Friedrich Nietzsche* des Philosophen Robert Schellwien schrieb.[38] Steiners Buchbesprechung zeigt, dass ihn weder Stirner noch Nietzsche zu dieser Zeit besonders beeindruckt haben, denn er siedelt den heute vergessenen Robert Schellwien als Philosophen hoch über den beiden Erstgenannten an. Aber dies tat Steiner fast gewohnheitsmäßig, weil er sich selbst damals in Schellwien wiedererkannte, aber noch nicht in Stirner und Nietzsche: Schellwien verstand nämlich, dass die menschliche Denkkraft dazu berufen ist, die höchsten und schwierigsten Aufgaben und Rätsel in der Welt zu lösen, und dass das menschliche *Ich* eine lebende, wirksame und schaffende Kraft ist, die identisch ist mit der Urkraft des Universums – und das war eine Grundüberzeugung Steiners, die sein ganzes Werk durchzieht, vom Anfang bis zum Ende, auch während der gesamten 1890er-Jahre.

Bis 1892 hegte Steiner also kein starkes Interesse für Stirner. Dieses wurde erst durch seine Bekanntschaft mit dem Anarchisten John Henry Mackay geweckt, Max Stirners Biografen und Wiederentdecker von Stirners lange vergessenem Hauptwerk *Der Einzige und sein Eigentum*. In einem Brief an Mackay vom 5. Dezember 1893, zwei Monate nach der Veröffentlichung von *Die Philosophie der Freiheit* – die trotz der Angabe, 1894 erschienen zu sein, bereits im Herbst 1893 im Buchhandel war –, schreibt Steiner, dass er eine «vollkommene[ ] Übereinstimmung» zwischen seiner eigenen Philosophie und Stirners Individualismus finde.[39] Trotzdem schenkte Steiner Stirner erst 1898 wirkliche Beachtung, nachdem John Henry Mackay nach Berlin gekommen und zu Steiners bestem Freund geworden war.

Es ist ein durchgehendes Muster, dass Steiners intellektuelle Interessen und Leidenschaften vor allem durch persönliche Bekanntschaften ausgelöst wurden. Durch seinen Mentor an der Technischen Hoch-

38 Zuerst erschienen in: *Literarischer Merkur*, XII. Jg., 1892, Nr. 29, wiederabgedruckt in: *Gesammelte Aufsätze zur Literatur 1884–1902*, GA 32, 4. Aufl. Basel 2016, S. 166–168.

39 *Briefe II*, GA 39, S. 193.

Rudolf Steiner, Porträtfotografie
mit Widmung an John Henry Mackay, 5. 7. 1896

John Henry Mackay, Porträtfotografie
mit rückseitiger Widmung an Rudolf Steiner, 1896

schule in Wien, Karl Julius Schröer, knüpfte er seine Bande zu Goethe, dem deutschen Idealismus und der deutschnationalen Bewegung; durch Nietzsches Schwester verfiel er auf Nietzsche; weil Ernst Haeckel persönlich Kontakt mit ihm aufnahm, wurde er Haeckelianer; durch den Kontakt mit den Theosophen wurde er Theosoph; und durch den Stirnerianer und Anarchoindividualisten John Henry Mackay wurde er Stirnerianer und Anarchist.[40] Es scheint, als ob Steiner auf eine bestimmte Qualität in seinen persönlichen Kontakten reagierte. Zugleich führte seine Fähigkeit zu intellektueller Begeisterung dazu, dass er sich selbst in den fremden Denkern wiedererkannte.

Steiner sah die Philosophie nicht als etwas an, das der einzelne Philosoph erfand, sondern als persönliche Versionen vom Wesen der Wirklichkeit. Wenn man sich die Geheimnisse der Welt und der Menschheit als im Zentrum einer ringförmigen Krypta gelagert vorstellt, dann wären gemäß den Anschauungen des jungen Steiner die verschiedenen Philosophien jeweils persönliche Zugänge zu den dort gelagerten Geheimnissen. Deshalb schirmte er seine *Philosophie der Freiheit* niemals gegen Konkurrenten wie Nietzsche oder Stirner ab, sondern freute sich im Gegenteil darüber, seine eigenen Gedanken bei den anderen bestätigt zu finden.

Durch das Verhältnis zu Mackay erfuhr Steiners Individualismus, der sich bereits Mitte der 1880er-Jahre gezeigt hatte, eine Politisierung in Richtung einer anarchistischen Zurückweisung des Staates als Organisation. Sowohl 1898 als auch 1899 feierte Steiner Stirner wegen seiner Verherrlichung des souveränen Einzelindividuums als die Blüte westlicher Kulturentwicklung. Aber auch dies ging vorüber. Das letzte Mal, dass er Stirner positiv besprach, war im Mai 1900, im Artikel «Der geniale Mensch», aber es handelte sich um keine bedingungslose Lobpreisung mehr, denn Steiner deutet Stirners Individualismus im Sinne von Goethes Diktum: «Unser ganzes Kunstwerk besteht darin, dass wir unsere Existenz aufgeben, um zu existieren.» Hier wollte Steiner die Philosophie Stirners retten, indem er Stirners «Einzigen» zum «höheren Ich» erhob, zu dem man eben durch jene Selbstaufgabe gelangen könne, die Stirner ablehnte.[41] In einem Übersichtsartikel, den Steiner im selben Jahr über deutsche Literatur schrieb, wurde Stirner mit zwei Zeilen abgespeist.

---

40 Vgl. dazu ausführlich Kaj Skagen: *Morgen ved midnatt*, S. 680–696.

41 Rudolf Steiner: «Der geniale Mensch», in: *Methodische Grundlagen der Anthroposophie 1884–1901*, GA 30, 3. Aufl. Dornach 1989, S. 422–432, hier S. 431 f.

Steiner wandte sich schon im Laufe des Jahres 1899 vom Anarchoindividualismus und vom Anarchismus als politischer Richtung ab. In dem Artikel «Goethes geheime Offenbarung» vom 26. August 1899 rechnet er mit ihnen ab. Hier schrieb er, dass die Menschen nur durch Selbstaufopferung – das, was Stirner verächtlich *Menschenopfer* genannt hatte – eine höhere Form von Individualismus erreichen können, die eine Gesellschaft ohne Staat erlaube. Solange die Menschen ihre Eigensucht nicht überwunden hätten, müssten sie sich vor dem Staat und dem Gesetz beugen. Solche Uneigennützigkeit finde man nur bei einigen wenigen. Revolution, behauptete Steiner nun, sei nichts anderes als ein Ausdruck dafür, dass das Streben der Menschen nach echter Überschreitung und persönlicher Verwandlung Irrwege eingeschlagen habe. «Wer nicht loskommen kann von seinem kleinen Ich, wer nicht imstande ist, das höhere Ich in sich auszubilden, der kann nach Goethes Ansicht nicht zur Vollkommenheit gelangen», schrieb er in dieser Interpretation von Goethe, die deutlich ein Ausdruck von Steiners eigener Position ist: «Der Mensch muss als Einzelner absterben, um als höhere Persönlichkeit wieder aufzuleben.»[42] Der Artikel «Goethes geheime Offenbarung» aus dem Herbst 1899 ist Steiners Abrechnung mit Stirners Individualismus und Mackays Anarchismus, und zugleich Ausdruck dafür, dass er selbst der Esoterik und der Mystik den Vorzug vor der Politik gab. Dies ist eine Wahl, die Steiner im Laufe des Jahres 1899 getroffen haben muss, über ein Jahr vor dem Kontakt mit den Theosophen in Berlin.

42 Rudolf Steiner: «Goethes geheime Offenbarung», in: *Methodische Grundlagen der Anthroposophie 1884–1901,* GA 30, 3. Aufl. Dornach 1989, S. 86–99, hier S. 94.

Haeckel

Der dritte radikale Denker, dem sich Steiner in den 1890er-Jahren anschloss, war der Biologe und Evolutionsdenker Ernst Haeckel, der seit den 1860er-Jahren den Darwinismus popularisiert und zu einer neuen Lebensanschauung entwickelt hatte, einer beinahe pantheistischen und vitalistischen Religion, basierend auf naturwissenschaftlichen Forschungsresultaten. Haeckel vereinte idealistische und materialistische Ideen, er behauptete, dass die Atome eine Seele hätten und die Vögel ein Gewissen, er sah die menschliche Seele als eine «Funktion unseres Gehirns» an und glaubte, dass die moderne Chemie einen «Urstoff» finden werde, der aller Materie zugrunde läge und der in der Zukunft genutzt werden könne, um Gold zu machen, so wie die Alchemisten behauptet hatten, dazu imstande zu sein. Den Glauben an die persönliche Unsterblichkeit sah er als Ergebnis von ererbten Einprägungen in den «Ganglien-Zellen des Gehirns». Auf dem Gebiet der Moralphilosophie war er Steiners Antipode, denn er fasste die höchste Moral des Menschen als bloße Weiterentwicklung der «ethische[n] Instinkte» der Tiere auf.[43] Bezieht man solche ‹okkulten› und idealistischen Einsprengsel der Haeckel'schen Weltanschauung in die Betrachtung mit ein, versteht es sich von selbst, dass Steiners Affinität zu Haeckel, die genau wie alle seine anderen geistigen Verliebtheiten in den 1890er-Jahren einen stark persönlichen Aspekt hatte, nicht ohne Weiteres als Indiz dafür gelesen werden kann, dass Steiner zu dieser Zeit ein «Materialist» war.

Steiners persönliches und intellektuelles Verhältnis zu Ernst Haeckel erstreckte sich über mehr als ein Jahrzehnt, von ihrer ersten Korrespondenz 1892 bis zum Vortrag «Haeckel, die Welträtsel und die Theosophie» aus dem Jahre 1905. Es nahm im Wesentlichen denselben Verlauf wie Steiners Verhältnis zu Nietzsche und Stirner. Erst übersah Steiner die Gegensätze zwischen Haeckels Weltanschauung und seiner eigenen und betonte allein die Berührungspunkte mit ihm. Wie bei Nietzsche und Stirner deutete er Haeckels Evolutionslehre so, dass sie als Bestätigung

43 Ernst Haeckel: *Der Monismus als Band zwischen Religion und Wissenschaft*, Bonn 1892, insbesondere S. 9–29; die hier wiedergegebenen Zitate S. 21, 17, 25 und 29.

und Unterstützung seiner eigenen Vorstellungen vom freien Individuum und selbstständigen Geist dienen konnte, wie er sie in der *Philosophie der Freiheit* dargestellt hatte. In dem Pamphlet *Haeckel und seine Gegner* von 1899 ging Steiner so weit, dass er in einzelnen Aussagen Haeckels Materialismus berührte, sich aber *zugleich* gegen Haeckels Grundsicht verwahrte – auf dieselbe Weise, wie er in *Friedrich Nietzsche. Ein Kämpfer gegen seine Zeit* Nietzsches Philosophie bejaht und zugleich Vorbehalte gegen sie geäußert hatte. Im Jahre 1905, drei Jahre nach dem Übergang zur Theosophie, nannte er Haeckels Naturwissenschaft «elementare Theosophie».[44]

Steiner konnte sich selbst als Mitglied von Haeckels «Gemeinde» darstellen und entwarf in einem Artikel von 1897 ein melodramatisches Bild von Haeckel, der am Steuer eines Schiffes steht, das diese Gemeinde weg von der alten Weltanschauung und hinein in die Zukunft führt. Aber er schränkte ein: «Wenn wir auch an mancher Stelle, an die er uns führt, nicht gerade vorbei wollen».[45] In der *Philosophie der Freiheit* stellte er Haeckel als einen Vorläufer seiner eigenen Ethik dar, den ethischen Individualismus, «die Krönung [eines] Gebäudes, das Darwin und Haeckel für die Naturwissenschaft erstrebt haben».[46] So benutzte er Haeckel und Darwin als Schwingen für sein eigenes philosophisches Projekt.

Steiner brauchte Darwin und Haeckel, um seiner Idee des gänzlich freien Menschen, wie er sie in der *Philosophie der Freiheit* entwickelte, ein naturwissenschaftliches Fundament errichten zu können. Dort hatte er Materialismus und Spiritualismus einander gegenübergestellt als zwei einseitige Denkrichtungen, die beide dem Individuum die Möglichkeit zur Freiheit nahmen. Die Materialisten sahen die Gedanken und Handlungen des Menschen als Wirkungen von atomaren, biologischen und sozialen Verhältnissen, über die wir kein Bewusstsein oder keine Herrschaft haben. Die Spiritualisten wiederum glaubten, dass das Gesetz von Gut und Böse der Menschenseele fest eingeschrieben sei – als göttlicher Grund, dessen sich der Mensch bewusst werden kann –, aber damit machten sie den Menschen zum ‹Sklaven des Absoluten›: «Wie der

44 Rudolf Steiner: «Haeckel, die Welträtsel und die Theosophie», in: *Lucifer – Gnosis,* GA 34, 2. Aufl. Dornach 1987, S. 222–244, hier S. 231.

45 Rudolf Steiner: «Charles Lyell. Zur hundertsten Wiederkehr seines Geburtstages», in: *Methodische Grundlagen der Anthroposophie 1884–1901,* GA 30, S. 364.

46 Rudolf Steiner: *Dokumente zur «Philosophie der Freiheit». Faksimile der Erstausgabe 1894 mit den handschriftlichen Eintragungen für die Neuausgabe 1918 und weiteren Materialien,* GA 4a, 1. Aufl. Dornach 1994, S. 142.

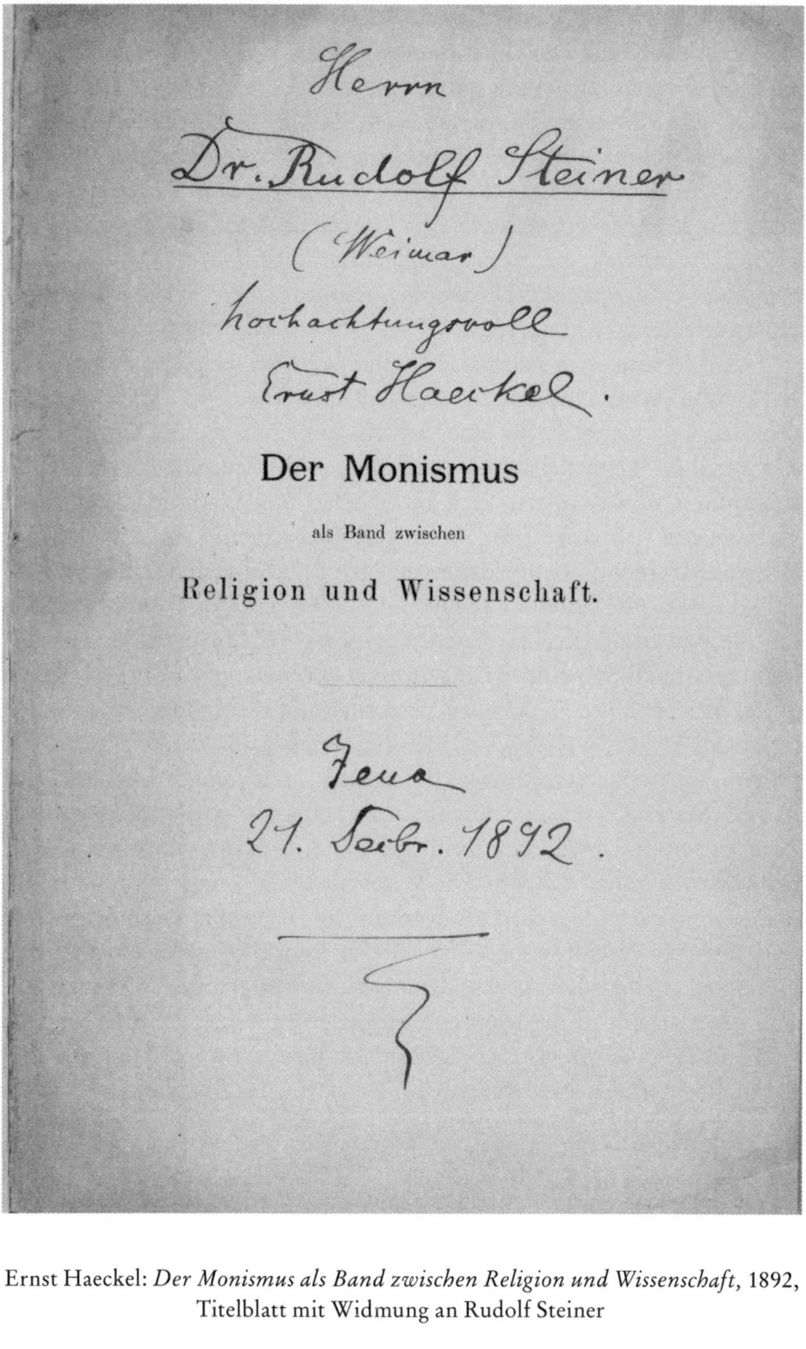
Herrn
Dr. Rudolf Steiner
(Weimar)
hochachtungsvoll
Ernst Haeckel.

Der Monismus

als Band zwischen

Religion und Wissenschaft.

Jena
21. Decbr. 1892.

Ernst Haeckel: *Der Monismus als Band zwischen Religion und Wissenschaft,* 1892, Titelblatt mit Widmung an Rudolf Steiner

Rudolf Steiner: *Haeckel und seine Gegner,*
Cover der Buchausgabe (zuerst erschienen im August/September 1899 in der von Ludwig Jacobowski herausgegebenen Zeitschrift *Die Gesellschaft*)

materialistische Dualist den Menschen zum Automaten macht, dessen Handeln nur das Ergebnis rein mechanischer Gesetzmäßigkeit ist, so macht ihn der spiritualistische Dualist [...] zu einem Sklaven des Willens jenes Absoluten. Freiheit ist innerhalb des Materialismus sowie des Spiritualismus [...] ausgeschlossen.»[47] Es ist mit anderen Worten die Idee von verborgenen Kräften im Stoff oder in den Trieben, im Unterbewusstsein oder in der Geisteswelt, welche die Freiheit unmöglich macht. Indem er die Existenz von solchen Dimensionen jenseits des Bewusstseins von sich wies, grenzte Steiner das Feld, in dem Zwang oder Unfreiheit entstehen können, zum Bewusstsein hin ab. Aber auch innerhalb des Bewusstseins ist der Mensch zunächst einmal unfrei, weil das Bewusstsein von Erziehung, körperlichen Trieben usw. mitgeformt wird. Dennoch kann der Einzelne zur Freiheit gelangen, und zwar durch das gedankliche und moralische Handeln, welches die freie Individualität *hervorbringt*. Weil diese freie Individualität weder von Gott geschaffen noch durch Arten- bzw. Geschlechterreihen weitervererbt ist, sondern allein im Freiraum des Bewusstseins hervorgebracht wird, kann sie auch nicht von fremden Kräften beeinflusst oder von außen gesteuert werden. Das freie Individuum und die freie Handlung haben keine Vorgeschichte, bei der irgendein Einfluss oder irgendeine Steuerung eine Rolle spielen könnte.

Der Darwinismus passte zu dieser Freiheitsphilosophie, weil er den Schöpfergott überflüssig machte, indem er die Zweckmäßigkeit der Natur mit dem Selektionsprinzip erklärt. Aber zugleich platzierte der Darwinismus den Menschen in einer biologischen Arten- und Geschlechterfolge, die moralische Entscheidungen auf Effekte von ererbten Instinkten reduzierte. Dieses Problem löste Steiner, indem er die freie Individualität als etwas Neues entstehen ließ, und zwar durch eine Bewusstseinsaktivität, die nicht von etwas Körperlichem gesteuert wurde. Aber das Problem musste noch ein weiteres Mal gelöst werden, weil Darwin in *Die Abstammung des Menschen* behauptet hatte, dass die Moral – zumindest teilweise – auf ererbte Gewohnheiten und natürliche Selektion zurückgeführt werden könne. Steiner behauptete dagegen, dass die ererbte Instinktmoral nur der Menschen*art* gelten könne, nicht dem Menschen*individuum*. Das Individuum könne sich über die Art erheben, auf die gleiche Weise, wie jede neue Tierart aus einer früheren hervorgeht, ohne ihre Ursache in dieser zu haben. So wie man eine neue Art nicht voraussehen kann, sie erst erkennen kann, wenn sie entsteht, werden das

47 Rudolf Steiner: *Dokumente zur «Philosophie der Freiheit»*, GA 4a, S. 117 f.

freie Bewusstsein und die freie Handlung des Menschen in dem Moment *neu gebildet*, in dem sie sich manifestieren. Der Mensch könne biologisch von *niedriger stehenden* Arten oder Affen abstammen, und das Bewusstsein könne innerhalb eines biologischen Entwicklungsprozesses hervorgebracht worden sein, *zugleich* jedoch könnten selbstständiges Denken und freies Handeln als *Neubildungen* entstehen, *die nicht von außen verursacht oder gesteuert sind*, auch nicht aus irgendeiner biologischen Vorzeit heraus. So konnte Steiner die Vorstellung einer freien Individualität und eines freien Willens mit der darwinistischen Evolutionsperspektive vereinen.

Aber Steiner wollte Haeckel nicht nur als Stütze für seine eigene Philosophie benutzen. Er hatte auch eine genuine Sympathie für Haeckels Glauben daran, dass allein durch Beobachtung und Denken alle Geheimnisse des Lebens und der Welt aufgedeckt werden könnten. In dem Artikel «Neujahrsbetrachtung eines Ketzers» vom Jahreswechsel 1898/99 ergriff er deutlich Partei für Haeckel und gegen all jene Naturforscher, die «sich begnügen, die Dinge und Erscheinungen zu messen, zu wägen, zu vergleichen, sie mit den vorhandenen Apparaten zu untersuchen», die aber «niemals [...] nach dem höheren *Sinn* der Dinge und Erscheinungen» fragten. Im Kontrast zu dieser «allgemeinen Mutlosigkeit, ja Feigheit des menschlichen Denkens» verwies Steiner auf Haeckel als auf einen der wenigen, die noch glaubten, dass «das Denken dazu berufen ist, die Welträtsel zu lösen».[48] Das Wichtigste bei Haeckel war ihm nicht seine Weltanschauung an und für sich, sondern dass Haeckel den Schritt von den Einzeltatsachen hin zu einem ganzheitlichen Bild vollzog und dass er dies tat, ohne den Bereich der Wissenschaften zu verlassen: «Es kommt nicht darauf an, ob man mit den Gedanken übereinstimmt, die Haeckel in seiner Schrift ‹Der Monismus als Band zwischen Religion und Wissenschaft› (Bonn 1892) entwickelt. Das Wesentliche ist, dass hier mit den Mitteln unserer Geistesbildung die Frage aufgeworfen wird: Wie kann das menschliche Gemüt seine Bedürfnisse durch das moderne Wissen befriedigen?»[49]

Es war vor allem dieser Versuch, die äußersten Fragen des Lebens auf naturwissenschaftlicher Basis beantworten zu wollen, ohne sich auf Offenbarung, Dogmen oder Glauben zu stützen, der Steiner zu Haeckel

48 Rudolf Steiner: «Neujahrsbetrachtung eines Ketzers», in: *Methodische Grundlagen der Anthroposophie 1884–1901*, GA 30, 3. Aufl. Dornach 1989, S. 379–383, hier S. 382.

49 Rudolf Steiner: «Neujahrsbetrachtung eines Ketzers», GA 30, S. 382.

hinzog. *Welche* Antworten Haeckel gab, war für Steiner weniger wichtig als der Glaube daran, *dass* solche Antworten innerhalb der Wissenschaft überhaupt möglich waren. Wenn Steiner in den 1890er-Jahren Pläne gehabt haben sollte, eine allumfassende Weltanschauung auf wissenschaftlicher Grundlage zu entwickeln, wie er es nach 1902 unternahm, so konnte ein solches Projekt durch Haeckels langjährigen Einsatz für dasselbe Ziel legitimiert werden.

Aber gerade so wie Steiner durch sein Einleben in fremdes Denken phasenweise mit Nietzsche und Stirner fast Hand in Hand gegangen war, wurde er zeitweilig in Haeckels Gedankenuniversum hineingezogen. In den Jahren 1897 bis 1899 sprach er vom Haeckelianismus mit immer größerer Anerkennung, auch wenn er lange an seinen Vorbehalten gegenüber vielen inhaltlichen Elementen festhielt. Im Mai 1899 erklärte Steiner in einem Brief an Haeckel, dass er den «‹Monismus› vertrete»,[50] zwei Monate später bezeichnete er sich selbst als «philosophische[n] Anhänger des Monismus»,[51] und im Februar 1900 war Haeckel nicht nur der größte Naturforscher der Gegenwart, sondern sein Werk war zur Blüte des Geisteslebens des ganzen Jahrhunderts geworden, während Steiner sich selbst in einem persönlichen Brief an Haeckel zu dessen Apostel herunterstufte: «Mein Ziel ist, zu zeigen, wie im Darwinismus und in der Ausbildung, die Sie, hochgeschätzter Herr Professor, demselben gegeben haben, die philosophische Entwickelung des neunzehnten Jahrhunderts gipfelt.»[52]

Trotzdem sollte Steiners Verhältnis zu Haeckel derselben Kurve folgen wie sein Verhältnis zu Nietzsche, Mackay und Stirner. Die anfängliche Skepsis der 1880er-Jahre, die Ende der 1890er-Jahre von einer selbst auslöschenden Hingebung abgelöst worden war, ging nach der Jahrhundertwende über in eine respektvolle, aber kritische Distanz. Der Höhepunkt der Bewunderungsphase war im Februar 1900 erreicht, als Steiner in einem Brief mit «einer großen Bitte» an Haeckel herantrat, nämlich ob er ihm seine *Welt- und Lebensanschauungen im neunzehnten Jahrhundert* widmen dürfe; in einem nachfolgenden Brief merkte Steiner dann an: «Ich rechne es mir zur größten Ehre an, dass ich dies Buch mit Ihrem Namen schmücken durfte.»[53] In der Vorrede zu den *Welt- und Lebensanschauungen im neunzehnten Jahrhundert* identifizierte Steiner sich

50 Brief vom 10. Mai 1899, in: *Briefe II,* GA 39, S. 374.
51 Brief vom 10. Juli 1899, in: *Briefe II,* GA 39, S. 376.
52 Brief vom 10. Juli 1899, in: *Briefe II,* GA 39, S. 383.
53 Brief vom 14. März 1900, in: *Briefe II,* GA 39, S. 384.

Rudolf Steiner: *Welt- und Lebensanschauungen im neunzehnten Jahrhundert*, Band I, Berlin 1900, erschienen in der Reihe «Am Ende des Jahrhunderts»

nicht nur mit Haeckels Absichten und dessen naturphilosophischer Annäherungsweise, sondern auch mit dessen ganzem Weltbild: «Vor allen Dingen wurde [in diesem Buch] angestrebt, jeder Persönlichkeit, die sich an dem Aufbau der modernen Weltanschauung beteiligt hat, ihr volles Recht zuteilwerden zu lassen. Ich stehe mit meinen eigenen Anschauungen in vollem Einklange mit den Ergebnissen, zu denen der größte Naturforscher der Gegenwart, *Ernst Haeckel,* gelangt ist. Ich habe auf diesen Einklang besonders in meiner ‹Philosophie der Freiheit› hingewiesen, und darf es mir zur Ehre anrechnen, dass Ernst Haeckel, der soeben in seinem Werke ‹Die Welträtsel› sein Ideengebäude allseitig ausgeführt hat, die Widmung meines Buches angenommen hat.»[54]

Aber schon in der Vorrede zum zweiten Band der *Welt- und Lebensanschauungen*, geschrieben im Oktober 1900, wurde die Identifikation mit Haeckel abgeschwächt. Nun ist nicht mehr von einem vollständigen Einklang die Rede, sondern vom *Unterschied* zwischen Steiner und Haeckel und von den Aspekten, bei denen über Haeckel *hinausgegangen* werden müsse:

> «Der Leser wird sich überzeugen, dass der Verfasser nicht ein fanatischer Bekenner des modernen naturwissenschaftlichen Glaubensbekenntnisses ist, wenn er auch in Ernst Haeckel einen monumentalen Vertreter moderner Denkweise verehrt. Was uns das naturwissenschaftliche Bekenntnis sein kann, und auch wo eine den höheren Bedürfnissen des Menschengeistes Rechnung tragende Ansicht über dieses Bekenntnis hinausgehen muss: darauf glaube ich im Verlaufe meiner Darstellung in gleicher Weise hingedeutet zu haben.»[55]

Im Februar 1900 hatte Steiner noch geschrieben, er habe in seinen *Welt- und Lebensanschauungen* zeigen wollen, wie das Geistesleben des 19. Jahrhunderts in Haeckels Deutung der Evolutionslehre gipfele; im Oktober desselben Jahres schloss er das Werk ab, ohne Haeckel im Schlusskapitel auch nur zu nennen. Wir können damit Steiners Nivellierung seines Verhältnisses zu Haeckel auf die Zeitspanne datieren, in der

54 Rudolf Steiner: *Welt- und Lebensanschauungen im neunzehnten Jahrhundert,* Bd. 1, Bd. XIV von *Am Ende des Jahrhunderts. Rückschau auf 100 Jahre geistiger Entwickelung,* Berlin 1900, Vorrede, Berlin im Februar 1900, s.p.

55 Rudolf Steiner: *Welt- und Lebensanschauungen im neunzehnten Jahrhundert,* Bd. 2, Bd. XIX von *Am Ende des Jahrhunderts. Rückschau auf 100 Jahre geistiger Entwickelung,* Berlin 1901, Vorrede zu Band 2, Berlin im Oktober 1900, s.p.

er den zweiten Band von *Welt- und Lebensanschauungen* verfasste, das heißt zwischen Februar und Oktober 1900, als die Vorreden geschrieben wurden. Während Steiner sich im Februar mit Haeckels Weltanschauung *in vollem Einklange* sah, hatte er im Oktober das Bedürfnis, über Haeckel hinauszugehen. Es handelt sich um die gleiche Entwicklung wie bei Steiners Loslösung von Stirner und bei seiner Abrechnung mit Nietzsche. Auch zeitlich fallen diese Entwicklungen eng zusammen. Die kritische Auseinandersetzung mit Stirner muss ihren Höhepunkt im Herbst 1898 erreicht haben, kann sich aber auch bis zum Sommer 1900 hingezogen haben; die Abrechnung mit Nietzsche erfolgte im Sommer 1900, ungefähr zur gleichen Zeit, als Steiner sich von Haeckel zu entfernen begann.

Mit anderen Worten: Steiner hörte im Laufe des Jahres 1900 und spätestens im Herbst 1900 auf, sich mit den radikalen Anschauungen Stirners und Nietzsches zu identifizieren – vor oder zeitgleich mit dem Beginn seiner Vorlesungsreihe über die Mystik für die Theosophen in Berlin, die am 6. Oktober 1900 begann. Zeitgleich, ebenfalls im Oktober 1900, fasste er die Debatte über Haeckels *Welträtsel* zusammen und räumte ein, dass Haeckel «Naturforscher, nicht Fachphilosoph» sei und «den philosophischen Begriffen zuweilen Gewalt antut, wenn er sie verwendet»;[56] er konstatierte, dass in den Ausführungen über das Christentum in *Die Welträtsel* «nicht alles geschmackvoll» sei und dass Haeckel «zu leidenschaftlich» sei und in seinen Darstellungen die Objektivität verliere.[57] Damit war Steiner wieder an dem Punkt angelangt, an dem er zu Beginn seiner Beschäftigung mit Haeckel gestanden hatte. Er erkannte in ihm einen mutigen Vorkämpfer, der auf dem richtigen Weg war, der aber in vielem modifiziert und korrigiert werden müsse:

> «Hat man auch zu erwarten, dass die Zukunft Haeckels Gedanken in manchem Sinne berichtigen werde: diese Berichtigung wird nicht von denen herkommen können, die ihn heute bekämpfen. Hat er auch nicht überall das Richtige getroffen, er hat doch zweifellos den Weg betreten, auf dem die Bildung des Geistes weiterschreiten wird.»[58]

56 Rudolf Steiner: «Die Kämpfe um Haeckels ‹Welträtsel›», in: *Methodische Grundlagen der Anthroposophie 1884–1901,* GA 30, 3. Aufl. Dornach 1989, S. 441–452, hier S. 448.

57 Rudolf Steiner: «Die Kämpfe um Haeckels ‹Welträtsel›», GA 30, S. 450.

58 Rudolf Steiner: «Die Kämpfe um Haeckels ‹Welträtsel›», GA 30, S. 452.

Dies wurde wohlgemerkt geschrieben, bevor Steiner im theosophischen Milieu heimisch wurde, vor seiner Bekanntschaft mit Marie von Sivers und lange bevor er die theosophischen Werke von H. P. Blavatsky und Annie Besant zu lesen begann.

War Steiner Materialist?

Zu Steiners Zeit wollte ein strenger Materialismus auch in der Philosophie alle Prozesse in der Welt und im Menschen auf Prozesse und Gesetzmäßigkeiten der Materie zurückführen. Es kann kein Zweifel daran bestehen, dass Steiner sich von einem *solchen* Materialismus, der den Menschen als von Kräften gesteuert sah, von denen er nichts wusste und die ihm deshalb die Möglichkeit der Freiheit nahmen, stets ferngehalten hat. Steiner teilte Darwins und Haeckels Evolutionsgedanken, weil er meinte, dass sie die geistige Unabhängigkeit und Freiheit des Individuums unterstützten. Ein anderes Beispiel, das zeigt, dass man Steiner in den 1890er-Jahren nicht mit einem eng definierten Materialismus in Verbindung bringen kann, ist sein Bekenntnis zu Ernst Haeckels Hylozoismus, also der Vorstellung von einer beseelten Materie.

Haeckel war kein Materialist im mechanistischen Sinne, denn er glaubte nicht, dass geistige und seelische Qualitäten aus rein physischen, quantitativ zu bemessenden Dingen bzw. Prozessen entstanden, also zum Beispiel dem Zusammenstoß und der Verbindung von kompakten Atomen. Er glaubte, dass die Materie seit Anbeginn der Ewigkeit existierte und dass ihr sogar im Stadium primitivster, unorganisierter Partikel seelische Qualitäten innewohnten. Der Geist hatte sich nicht aus der toten Materie entwickelt, sondern war in einer Urform von Anfang an existent gewesen. Den gleichen Standpunkt bezog Steiner in *Haeckel und seine Gegner* von 1899: «Die Frage ist eben gar nicht: wie entsteht der Geist aus der geistlosen Materie, sondern: wie entwickelt sich der kompliziertere Geist aus den einfachsten geistigen Leistungen des Stoffes: aus der Anziehung und Abstoßung?»[59]

Haeckel zufolge waren die elementaren geistigen oder seelischen Eigenschaften, die sich auf einer primitiven Ebene in der Fähigkeit zu Anziehung oder Abstoßung zeigten, im Laufe der Evolution zu dem

59 Rudolf Steiner: *Haeckel und seine Gegner,* in: *Methodische Grundlagen der Anthroposophie 1884–1901,* GA 30, 3. Aufl. Dornach 1989, S. 152–200, hier S. 196. Der Aufsatz erschien zuerst 1899 in der von Ludwig Jacobowski herausgegebenen Zeitschrift *Die Gegenwart,* 15. Jg., Bd. 3, Heft 4–6.

avancierten Bewusstsein des Menschen weiterentwickelt worden.[60] Die Seelen- und Bewusstseinseigenschaften waren somit nicht etwas, das plötzlich innerhalb der toten Materie oder als ihr Produkt entstanden war, sondern diese Eigenschaften waren vom Beginn der Ewigkeit an der Materie inhärent.

Dieser Haeckel'sche Hylozoismus, eben der Glaube daran, dass der Stoff selbst, auch in unorganisierter Form, beseelt sei, ist eines von mehreren Verbindungsgliedern zwischen Haeckel, Steiner und der Theosophie. H. P. Blavatskys Schrift *The Secret Doctrine* (*Die Geheimlehre*) enthält einen Abschnitt, der zeigt, dass ihre Theosophie und Haeckels Materialismus sich gedanklich im Hylozoismus treffen konnten, was Steiner sich dann in *Haeckel und seine Gegner* zu eigen machte:

«Hylozoismus, wenn philosophisch verstanden, ist der höchste Aspekt des Pantheismus. Er ist das einzig mögliche Entrinnen aus dem blödsinnigen Atheismus, der auf törichter Materialität begründet ist, und aus den noch blödsinnigeren anthropomorphischen Vorstellungen der Monotheisten; zwischen welchen er auf seinem eigenen, gänzlich neutralen Boden steht. Der Hylozoismus *fordert* absolutes Göttliches Denken, welches die zahllosen thätigen, schaffenden Kräfte oder ‹Schöpfer› durchdringen würde [...]. Von solchen thätigen ‹Schöpfern› weiß man, daß sie existieren, und man glaubt an sie, weil sie von dem *inneren* Menschen im Occultisten wahrgenommen und empfunden werden.»[61]

60 Vgl. dazu Kaj Skagen: *Morgen ved midnatt,* S. 700–704.

61 H. P. Blavatsky: *The Secret Doctrine,* Bd. 2, Pasadena, California 1988, S. 158; dt.: *Die Geheimlehre. Die Vereinigung von Wissenschaft, Religion und Philosophie,* Bd. II: *Anthropogenesis,* Leipzig 1901, S. 167f. In einem Leitartikel der Zeitschrift *Lucifer* schrieb Blavatsky im März 1890: «Der Okkultismus erzählt, dass jedes einzelne Atom, genau wie Leibniz' Monaden, ein kleines Universum in sich selbst ist und dass alle Organe und Zellen des menschlichen Körpers ausgestattet sind mit ihrem eigenen Gehirn, mit Gedächtnis, und deshalb auch mit Erfahrung und Unterscheidungsvermögen. Die Idee, dass das universelle Leben aus individuellen Atomleben zusammengesetzt ist, ist einer der ältesten Lehrsätze in der esoterischen Philosophie.» (*Theosophical Quarterly Magazine* 29, 1931–32, New York 2003, S. 200.) Blavatsky schrieb auch, dass Haeckels biogenetisches Grundgesetz, das auch für Steiner so wichtig war, die Idee des Okkultismus untermauere: «Dies [Haeckels biogenetisches Grundgesetz] zeigt uns, daß jedes lebende Geschöpf und Ding auf Erden, einschließlich des Menschen, sich aus *einer gemeinsamen Urform* entwickelt hat.» (*Die Geheimlehre,* Bd. 2, S. 697.) Dies erinnert stark an die Beschreibung, die Steiner in *Haeckel und seine Gegner* von Goethes Grundgedanken gibt, nämlich, dass das «gemeinsame Urbild aller organischen Wesen in den mannigfaltigen Spezies zur Erscheinung kommt» (GA 30, S. 157).

Haeckel war kein Theosoph, aber sein Monismus teilte die hylozoistischen Grundlagen mit Blavatskys Theosophie. Deswegen führte Steiners Identifikation mit Haeckel in den Jahren 1899/1900 nicht dazu, dass er in dieser Zeit einen Weg eingeschlagen hätte, der ihn notwendigerweise von der Theosophie entfernte. Auf dem Höhepunkt seiner Identifikation mit Haeckel übernahm Steiner Teile eines Monismus mit stärker atheistischer und materialistischer Prägung, als man ihn sonst bei ihm findet. Gleichwohl konnte eine solche Identifikation ihn nicht weiter wegführen als Haeckel selbst, und Haeckels gedankliches Universum enthielt viele Aspekte einer idealistischen Naturphilosophie, von Goethe'schem Pantheismus und mystischer Spekulation, die in theosophische Richtung entwickelt werden konnten.

In Steiners Schrift *Haeckel und seine Gegner* finden sich zugleich Formulierungen über das Verhältnis von Körper und Bewusstsein, die isoliert betrachtet als materialistisch, wenn nicht sogar als mechanistisch bezeichnet werden können. Beispielsweise referierte Steiner Haeckels Ansicht, dass «unsere Geisteskräfte ebenso Funktionen der Form-Elemente unseres Gehirns sind, wie ‹jede Kraft die Funktion eines materiellen Körpers ist› (Haeckel, Anthropogenie)», und behauptete *im selben Abschnitt*, dass eine solche Sichtweise nicht im Widerspruch dazu stehe, dass die «geistigen Zusammenhänge […] nur aus dem geistigen Leben heraus erkannt werden» können, das heißt, dass, obwohl der Geist aus und innerhalb der Natur entsteht, er nicht verstanden werden kann, indem man den Stoff betrachtet, sondern nur durch Selbstbewusstsein und Selbstbeobachtung.[62]

Der gleiche Widerspruch findet sich an vielen Stellen von Steiners Pamphlet. Steiner hatte kein Problem damit, Haeckels Beschreibung davon anzuerkennen, wie der Menschengeist «als Ergebnis des im Gehirn konzentrierten Nervensystems» *entsteht*[63], aber er beharrte auf dem Gedankengang seiner ersten Goethe'schen Phase. In seiner Einleitung zum zweiten Band von Goethes *Naturwissenschaftlichen Schriften* in der Kürschner-Ausgabe hatte es 1887 geheißen: «Lehrt die Religion, dass Gott den Menschen nach seinem Ebenbilde geschaffen hat, so lehrt uns unsere Erkenntnistheorie, dass Gott die Schöpfung überhaupt nur bis zu einem gewissen Punkte geführt hat. Da hat er den Menschen entstehen lassen und dieser stellt sich, indem er sich selbst erkennt und um

62 Rudolf Steiner: *Haeckel und seine Gegner*, GA 30, S. 173.
63 Rudolf Steiner: *Haeckel und seine Gegner*, GA 30, S. 171.

sich blickt, die Aufgabe, fortzuwirken, zu vollenden, was die Urkraft begonnen hat.»[64]

1899 schrieb er genau das Gleiche, bloß dass er nun den Begriff *Gott* gegen den Begriff *Natur* austauschte: «Der natürliche Entwickelungsprozess führt die Naturvorgänge herauf bis zum menschlichen Selbstbewusstsein. Auf dieser Stufe überlässt er den Menschen sich selbst, dieser kann nunmehr die Antriebe seiner Handlungen aus seinem eigenen Geiste holen.»[65] Dies ist eine aufschlussreiche Koinzidenz, weil sie Steiners Intention deutlich macht, den Menschengeist sowohl aus der Lenkung eines Gottes als auch aus der Natur zu befreien. Die grundlegende Vorstellung der Mystik vom Schöpferwerk als einer Zusammenarbeit zwischen Gott und dem Menschen findet sich bei Steiner also sowohl in seiner Goethe-Phase in den 1880er-Jahren als auch in seiner Haeckel-Phase in den 1890er-Jahren.

Das bedeutet nicht, dass Steiner auf dem Weg von Goethe zu Haeckel gedanklich stehen geblieben wäre. In *Haeckel und seine Gegner* (1899) war das Göttliche nur mehr ein als gegeben angesehener Horizont, das Individuelle war in den Vordergrund gerückt. Während 1886/87 das Interesse noch darauf gerichtet war, dass sich Gott oder auch die Urkraft in die Natur ausgegossen bzw. zurückgezogen hatte und mithin ein verborgenes Dasein in den Dingen führte, so ging es 1899 darum, dass das Bewusstsein des Menschen allein war inmitten einer bewusstlosen Natur. Die Weltvernunft, die sich 1887 in der Natur versteckt und im Denken geäußert hatte, war 1899 in der Evolution verschwunden, so wie Darwin und Haeckel sie dargestellt hatten, und gab nur mehr die Voraussetzung der Natur ab für das plötzliche Aufscheinen des menschlichen Selbstbewusstseins, welches das einzige Selbstbewusstsein war, das es im Universum gab.

64 Rudolf Steiner: *Einleitungen zu Goethes Naturwissenschaftlichen Schriften*, GA 1, 4. Aufl. Dornach 1987, S. 166.

65 Rudolf Steiner: *Haeckel und seine Gegner*, GA 30, S. 180.

Spannungen bei Steiner in den 1890er-Jahren

Steiners Radikalismus der 1890er-Jahre war zweideutig. Er vertrat Nietzsches Ideen, aber deutete ihn recht frei und eigenständig als einen Vorkämpfer für den freien Geist, fast als einen *sokratischen* Denker, das Gegenteil von dem, was Nietzsche selbst sein wollte. Er begriff Stirner als den Philosophen der Selbsterkenntnis und des *Ich*, aber er definierte das Erlebnis des Selbst als eine Mysterienerfahrung vergleichbar jener des Neuplatonismus und der christlichen Mystik. Er trat als Vorkämpfer Darwins und Haeckels auf, aber behauptete, dass diese nur die Vorläufer seiner eigenen *Philosophie der Freiheit* waren. Er erklärte sich zum Nietzscheaner, Anarchoindividualisten und Haeckelianer, aber machte gleichzeitig Vorbehalte gegen all diese Richtungen geltend und distanzierte sich schließlich von ihnen allen, noch bevor er ein Teil des theosophischen Milieus in Berlin wurde.

Im selben Buch, in dem er mit Begeisterung über Nietzsche schrieb, erklärte er, dass Nietzsche «halbfertige Gedanken» präsentiere, und bot sich an, diese fertig zu denken.[66] Er konnte den Dramatiker und Bohemien Otto Erich Hartleben als den Prototypen einer emanzipierten Persönlichkeit beschreiben, aber zugleich mit Verachtung über das Boheme-Milieu schreiben. Er präsentierte sich als Grenzen sprengenden Anarchisten, aber wies alles zynische Gerede über Frauen zurück. Er huldigte Darwin und Lyell als den großen Vorbildern seiner Generation, aber sagte im gleichen Atemzug, dass ihnen «in vielen Dingen» zu widersprechen sei, und prophezeite, dass «die zukünftige Menschheit zu wesentlich anderen Vorstellungen kommen» könne. Er erklärte sich zum Mitglied der «Haeckelgemeinde», aber behauptete im selben Artikel, dass Haeckel seine Anhänger an «manche[ ] Stelle» führe, an der sie «nicht gerade vorbei wollen». Er huldigte dem Vulgärmaterialisten Ludwig Büchner, aber versah seine Lobeshymne mit einer Reihe von Vorbehalten, etwa dass Büchner ein «einseitiger Denker» sei, «man […] zu tieferen Vorstellungen kommen» könne und andere vielleicht «schärfer zu denken» vermochten. Er ließ die Naturwissenschaft am abendländi-

66 Rudolf Steiner: *Friedrich Nietzsche,* GA 5, S. 94.

schen Himmel als Leitstern für die kulturelle Entwicklung aufleuchten, aber reduzierte sie gleichzeitig zur «einzig richtige[n] Grundlage für die Entwicklung einer Weltanschauung», die er nicht näher beschrieb, sodass man den Eindruck bekam, er habe eigene Ideen darüber, welche Weltanschauung auf dieser naturwissenschaftlichen Grundlage errichtet werden solle.[67]

Mitten in seiner fortschrittsfreundlichen Euphorie rühmte er 1898 den Glauben des mystisch orientierten Autors Maurice Maeterlinck daran, dass «es unendliche Tiefen der Menschenseele gibt und dass der Mensch hinuntersteigen kann in diese unendlichen Tiefen»: Wer dies tut, findet, so Steiner, «in sich selbst Kräfte, die ihn befähigen, das große Unbekannte zu umfassen, das alle Zeiten als ein Göttliches verehrt haben. Wer diese Seelenkraft in sich erweckt, für den gewinnen die alltäglichsten Dinge des Lebens einen geheimnisvollen, einen göttlichen Sinn. [...] Im Göttlichen ist die Heimat der Seele, und findet sie diese Heimat, dann lebt sie plötzlich auf und lebt das tiefste Leben, das den Menschen erst zum wahren Menschen macht. Eine unsägliche Veränderung geht vor mit der Seele, die ihre Heimat gefunden hat. Wie ein schlummernder Genius ruht die göttliche Kraft in der Seele, und wer den Genius erweckt, dem antworten alle Dinge in einer göttlichen Sprache. Die unbedeutendsten Erscheinungen erglänzen plötzlich in einem neuen Lichte; sie künden das Ewige. Unablässig ist die Menschheit bemüht, den göttlichen Genius in sich einzuschläfern. Maeterlinck glaubt in einer Zeit zu leben, in der die Menschen einer großen Erweckung ihrer Seelen entgegengehen. Schon fängt man an, sich abzuwenden von der unendlichen Verfeinerung der Sinne und der Vernunft, die uns die letzten Jahrhunderte gebracht haben. Diese Verfeinerung hat das göttliche Licht in den Tiefen der Seele ausgelöscht. [...] sowohl die Sinne wie die Vernunft nehmen den Dingen den Glanz des Göttlichen. Der hellsichtigen, göttlich empfindenden Seele ist auch die Natur mit allen ihren Dingen und Erscheinungen göttlich. Aber die Sinne stellen sich zwischen die Göttlichkeit der Natur und die Göttlichkeit der Seele. [...] An Jacob Böhme und andere Mystiker muss man denken, wenn man Maeterlinck seine Grundempfindungen aussprechen hört. Töte die Sinne, dann geht die innere Seelenkraft dir auf: dies ist sein geheimster Glaubenssatz. Menschen seiner Art können es allein verstehen, dass Jacob Böhme nicht den unter Blitz und Donner

67 Kaj Skagen: *Morgen ved midnatt,* S. 753–754; Rudolf Steiner: «Ludwig Büchner», in: *Methodische Grundlagen der Anthroposophie 1884–1901,* GA 30, 3. Aufl. Dornach 1989, S. 383–390, hier S. 384–388.

herannahenden Gott braucht, um das Geheimnis der Welt zu erkennen, sondern dass dies ihm aufgeht beim Anblicke einer zinnernen Schüssel.[68] Gleichsam mit Ausschaltung der Augen sah der große Mystiker in dem alltäglichsten Gegenstand das Wahrhaft-Göttliche. [...] Der Blinde wird sehen, weil ihn die Sinne nicht hindern, in das Geheimnisvolle der Natur zu schauen: dies spricht der Dichter aus. [...] Wer Maeterlinck verstehen will, muss imstande sein, der Nüchternheit der Sinne und des Verstandes für kurze Zeit zu entsagen.»[69]

Diese mystische Rede findet sich bei Steiner auf dem Höhepunkt seines Freidenkertums, im Januar 1898. Man hört deutlich, dass hier kein «Atheist und Naturalist» (Ebbestad Hansen) spricht, sondern ein Gnostiker und Mystiker. Steiner muss den Widerspruch zwischen seinem radikalen Individualismus und der christlichen Mystik bei Maeterlinck selbst bemerkt haben, denn erst als Maeterlinck im Oktober 1898 in der Essaysammlung *La Sagesse et la destinée* (deutsch: *Weisheit und Schicksal*, 1904) Nietzsche und Stirner rühmte, rechnete Steiner ihn zur kulturellen Avantgarde – zusammen mit Stirner, Nietzsche und sich selbst.

So lebten in den 1890er-Jahren die Mystik und der radikale Individualismus in Steiner Seite an Seite. Vieles deutet darauf hin, dass er die mystische Seite seines Denkens zu tilgen versuchte, vielleicht von Nietzsches Kampf gegen das Christentum inspiriert. Spuren dieses Kampfes findet man überall in Steiners Schriften vom Ende der 1890er-Jahre. In einem Jubiläumsartikel zu Ibsens 70. Geburtstag am 20. März 1898 schrieb er, dass Darwins Lehre die von Ibsen ersehnte Revolution des Geistes sei, aber dass die Gegenwartsmenschen – selbst diejenigen, die darwinistisch dachten – es nicht schafften, sich abzugewöhnen, religiös zu *fühlen*: «Der Mensch sieht [jetzt], dass er [selbst] ein Höheres, ein Vollkommeneres ist als dasjenige, aus dem er sich entwickelt hat. Früher glaubte er: ein über ihm Stehendes hätte ihn ins Dasein verpflanzt. Sein Blick kann nun nicht mehr nach oben gerichtet sein. Er ist auf sich und auf das angewiesen, was *unter* ihm ist. Jahrhundertelang hat sich das menschliche Herz daran gewöhnt, diesem nach oben gerichteten Blicke

68 Steiner spielt hier auf Böhmes Erlebnis in der Schuhmacherwerkstatt an, als er während der Arbeit plötzlich von der Widerspiegelung der Sonne in einem Zinnteller getroffen wurde und dadurch in einen verzückten Zustand geriet.

69 Rudolf Steiner: «Maurice Maeterlinck. Conférence, gehalten am 23. Januar 1898 vor der Aufführung von L'Intruse in der Berliner Dramatischen Gesellschaft», in: *Gesammelte Aufsätze zur Dramaturgie,* GA 29, 3. Aufl. Dornach 2004, S. 248–253, hier S. 249–252.

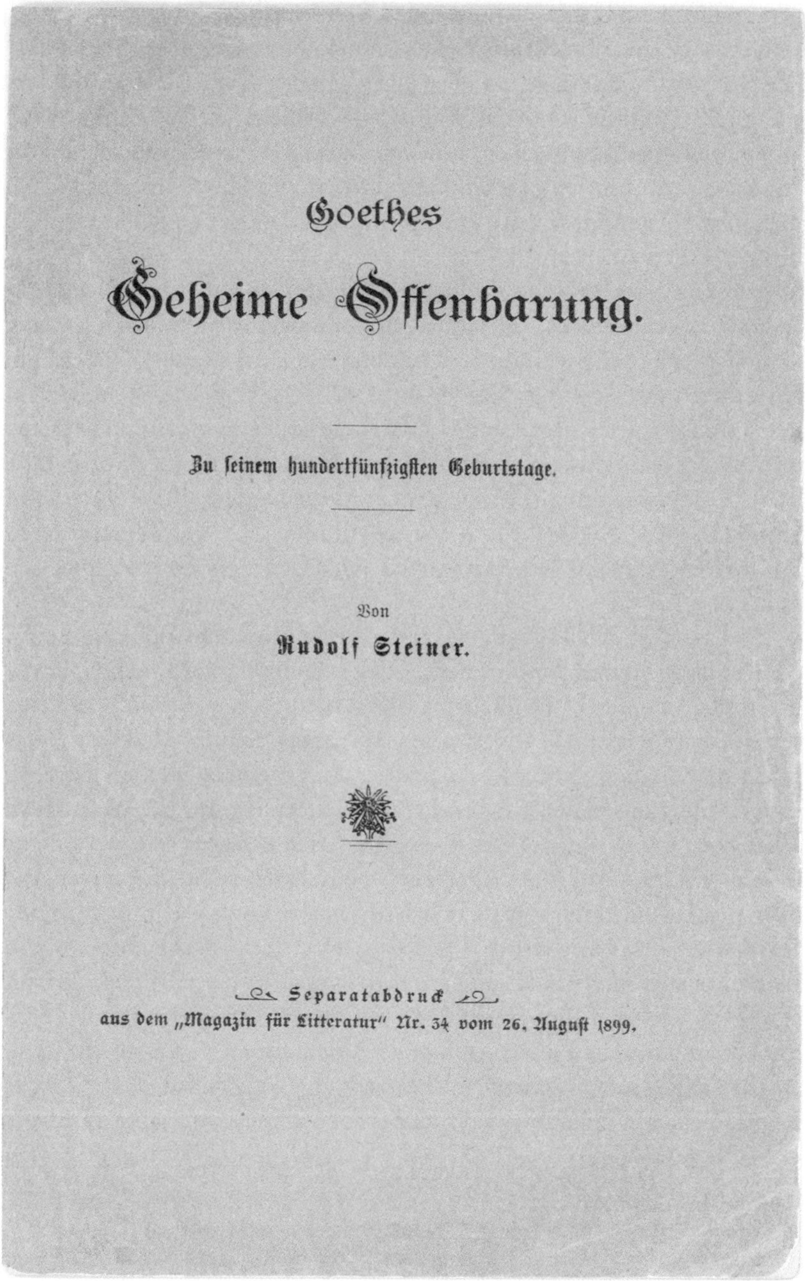

Goethes

Geheime Offenbarung.

Zu seinem hundertfünfzigsten Geburtstage.

Von

Rudolf Steiner.

Separatabdruck

aus dem „Magazin für Litteratur“ Nr. 34 vom 26. August 1899.

Rudolf Steiner: *Goethes Geheime Offenbarung*, Separatdruck des anlässlich von Goethes 150. Geburtstag erschienenen Artikels

sich zu fügen. Seit Darwins Auftreten ist es bestrebt, sich eine solche Empfindungsrichtung abzugewöhnen.»[70]

Im selben Jahr sprach Steiner über «das Seelenmartyrium [...], das derjenige zu bestehen hat, der die Elemente jahrtausendalter Erziehung durch die Vorstellungen einer neuen Weltanschauung zu verdrängen sucht».[71] Mit der *neuen Weltanschauung* meinte er hier das naturwissenschaftlich begründete Weltbild, wie es im Darwinismus und Haeckelianismus zum Ausdruck kam. Der Übergang von der mystisch und gnostisch fundierten, idealistischen und pantheistischen deutschen Philosophie um 1800 zu der wissenschaftlich und individualistisch begründeten Denkweise der fortschrittlich gesinnten Menschen in der Moderne um 1900 wurde damit als ein schmerzvoller Prozess beschrieben, als ein Kreuz, das man auf sich nehmen musste.

Die Charakterisierung der Bewusstseinsmodernisierung als *Martyrium der Seele* durch einen Mann, der in seinen Knaben- und Jugendjahren eine Reihe von Erlebnissen übersinnlicher Art gehabt hatte, der sich in den 1880er-Jahren dem idealistischen Denken eines Goethe und Haeckel hingab und der in den 1890er-Jahren als Nietzscheaner, Haeckelianer und frisch bekehrter Modernitätsmissionar auftrat, kann bedeuten, dass Steiner im Geiste Nietzsches für eine neue Weltanschauung eintrat, um die Reste der alten in sich selbst zu vernichten.

Aber 1899 kam sein Kulturpessimismus aus den 1880er-Jahren wieder zum Vorschein, und er beschwor aufs Neue die Sternstunden der Deutschen mit ihren großen idealistischen Philosophen herauf, griff die Naturwissenschaften an, weil sie «die Fähigkeit vollständig in den Hintergrund» drängten, «Einblick zu halten in die eigene Seele», und bemerkte, dass man sich angesichts dessen nicht wundern dürfe, wenn «Geister mit tieferen geistigen Bedürfnissen die stolzen Gedankengebäude der Scholastik befriedigender finden als den Ideengehalt unserer eigenen Zeit».[72] War dies ein Schritt in die innere Welt seiner Jugend, die er so lange zu überwinden versucht hatte und die sich für ihn als unüberwindlich erwies? Oder zeugte es von einem vertieften Verständnis des Idealismus und der Mystik? Oder gar von einer inneren Grenzüberschreitung, bei der die Selbsterkenntnis in eine Mysterienerfahrung oder Auflösung überging?

---

70 Rudolf Steiner: «Zu Ibsens siebzigstem Geburtstage», in: *Gesammelte Aufsätze zur Literatur 1884–1902,* GA 32, 4. Aufl. Basel 2016, S. S. 27–33, hier S. 30.

71 Rudolf Steiner: «Moritz von Egidy», in: *Gesammelte Aufsätze zur Kultur- und Zeitgeschichte 1887–1901,* GA 31, 3. Aufl. Dornach 1989, S. 314–319, hier S. 316.

72 Rudolf Steiner: «Neujahrsbetrachtung eines Ketzers», GA 30, S. 380f.

Dem Artikel «Goethes geheime Offenbarung» vom 26. August 1899, in dem Steiner zum ersten Mal öffentlich von einem höhere*n Ich* sprach, kann man entnehmen, dass eine entscheidende Grenzüberschreitung in Steiners Leben stattgefunden haben muss. Hier begegnet man der Idee von einem *doppelten Ich*, die sich für die Mystik als anschlussfähig erweist. Hier rechnete Steiner, wie zuvor erwähnt, mit der anarchistischen Idee von einer staatsfreien Gesellschaft ab und legte eine Haltung zum Individualismus dar, die besser zu einem christlichen Mystiker passte als zu einem Anarchoindividualisten:

> «Der Mensch, der seine Alltagspersönlichkeit absterben lässt, um den idealischen Menschen in sich zu erwecken, erreicht dieses Höchste [diese höchste Erkenntnis]. Was ein Mystiker wie Jakob Böhme mit den Worten ausgesprochen hat: der Tod ist die Wurzel alles Lebens, das hat Goethe mit der sich opfernden Schlange zum Ausdruck gebracht. Wer nicht loskommen kann von seinem kleinen *Ich*, wer nicht imstande ist, das höhere *Ich* in sich auszubilden, der kann nach Goethes Ansicht nicht zur Vollkommenheit gelangen. Der Mensch muss als einzelner absterben, um als höhere Persönlichkeit wieder aufzuleben. Das neue Leben ist dann erst das menschenwürdigste, dasselbe, das, nach Schillers Weise zu sprechen, weder von der Vernunft noch von der Sinnlichkeit eine Nötigung empfindet. Im ‹Diwan› lesen wir Goethes schönes Wort: ‹Und so lang du das nicht hast, dieses: *Stirb und werde!* Bist du nur ein trüber Gast auf der dunklen Erde.›»[73]

Das war eine Idealisierung der Selbstaufopferung, die Stirner – wie oben bereits erwähnt – verächtlich und einst zu Steiners Applaus *Menschenopferung* genannt hatte. Steiner operierte plötzlich mit einer *Doppelnatur des Ich*, die eine neue Perspektive auf das mystische Erlebnis des Selbst eröffnete, über das er seit Beginn der 1880er-Jahre unablässig geschrieben hatte.

Indem das Ich des Menschen in zweierlei Gestalt hervortritt, als *Alltagspersönlichkeit* und als *höheres Ich*, wird ein außergewöhnliches oder mystisches Erlebnis des Selbst möglich, weil das Selbst einen geheimen, tieferen Teil zugesprochen bekommt. In dieser Perspektive erhält auch der extreme Individualismus, wie insbesondere Nietzsche ihn vertrat,

73 Rudolf Steiner: «Goethes geheime Offenbarung», in: *Methodische Grundlagen der Anthroposophie 1884–1901,* GA 30, 3. Aufl. Dornach 1989, S. 86–99, hier S. 94; Kursivierungen von mir, K.S.

einen mystischen oder gnostischen Aspekt. Diese mystische Note zeigt sich ganz deutlich in dem wohlbekannten Bild des Menschen als «Seil über einem Abgrunde», als «gefährliches Hinüber», als «Brücke», oder als «ein Übergang und ein *Untergang*», wie Nietzsche in *Also sprach Zarathustra* schreibt. Hier deutete Nietzsche die Evolutionstheorie in einer Form um, dass sie von der Selbstverwandlung des menschlichen Individuums handelte: Der «Übermensch» ist eine metaphorische Darstellung, in der es just darum geht, wie durch das Opfer des Alltagsbewusstseins das höhere Ich entsteht. Der Übermensch repräsentiert die Entwicklungsstufe nach respektive über dem Normalmenschen oder der Alltagspersönlichkeit. Bei Nietzsche ist der Darwinismus zu Mystik geworden.

Genau diesen Übergang, den Nietzsche in poetischen Bildern schildert, hat Steiner in der *Philosophie der Freiheit* gedanklich ausgeführt. Das *freie Individuum*, das Steiner hier beschreibt, ist eben nicht die Alltagspersönlichkeit, die von ihren ererbten Charakteranlagen sowie von ihrem sozialen Milieu geprägt und gesteuert wird, sondern eine *Individualität*, die durch bewusstes, je individuelles Denken und Handeln geschaffen wird und die unabhängig von Erbe und Milieu ist.

Auch bei Steiner war diese Doppelnatur des Ich latent bereits in dem extremen Individualismus angelegt, der das Ich von allem irdischen Grund und von seiner Umgebung losreißt. Dieses *doppelte Ich* gehört zum theosophischen Erbe des deutschen Idealismus und ist Grundlage fast aller Mystik. Im Gnostizismus der Antike begegnen wir dieser Vorstellung in Form einer Erzählung über den göttlichen Menschen, der von Sinneseindrücken geblendet seinen Ursprung vergisst, sodass das wahre Ich ins Unterbewusstsein des Menschen hinabsinkt. Einen unsterblichen philosophischen Ausdruck hat die Idee in Platons Höhlengleichnis gefunden, demzufolge das, was wir wahrnehmen, nur physische Schatten der für uns unsichtbaren, ideellen Wirklichkeit sind. Und in Fichtes Rede von einem ganz neuen inneren Sinn, der dem Philosophen eine Welt eröffne, die es für den normalen Menschen nicht gebe, taucht der Gedanke ebenfalls auf. Man erkennt ihn im humanistischen Konzept der *Bildung*, die das Selbst realisieren soll, das im Einzelnen schlummert, und eben in der in Steiners *Philosophie der Freiheit* formulierten Unterscheidung zwischen den vorgegebenen, ererbten Charakteranlagen und der *Individualität*, die durch bewusste Eigenaktivität geschaffen wird.

Zanders «wilde Jahre»

«Berlin. Wilde Jahre», so lautet in Helmut Zanders Steiner-Biografie der Titel des Kapitels über die Jahre 1897–1901. Das evoziert einen Lebensabschnitt voll von Ausschweifungen, Bummelei, Trinkgelagen und Frauengeschichten. Aber Steiners Ausschweifungen waren bescheiden und haben nicht viele Anekdoten hinterlassen, die jemand der Überlieferung wert befand.

Ein Augenzeuge sah Steiner und den Dramatiker Otto Erich Hartleben, einen berüchtigten Zechbruder, in ein Nachtcafé kommen, beide hatten «wacker gezecht», aber waren nichtsdestotrotz in eine eifrige literarische Diskussion vertieft. Hartleben selbst erzählt in einem Brief, dass Steiner eines Sonntags um drei Uhr nachmittags nach Hause kam, nachdem er die ganze Nacht ausgegangen war, die Korrekturbögen des *Magazins* holte und sie mit in sein Stammcafé nahm, um sie dort fertig zu redigieren, bevor er nachts den Zug nach Weimar nahm, wo die Zeitung am Montagmorgen gedruckt werden sollte. Schließlich gibt es mehrere Zeugen, die eine Flasche Cognac in seiner Wohnung gesehen haben, versteckt unter einer Handpuppe, die Steiner mit Doktorhut und Brille darstellen sollte, wahrscheinlich ein Geschenk des jüdischen Autors Ludwig Jacobowski, Steiners bestem Freund, der einen Zettel aufgehängt hatte, auf dem geschrieben stand: «Der ganze Körper ist Geist» – ein Spiel mit dem Doppelsinn des Wortes «spiritus».[74]

Andere konkrete Beispiele von Steiners wildem Leben in Berlin gibt es meines Wissens nicht und werden auch bei Zander nicht angeführt. Gleichwohl gibt es keinen Zweifel daran, dass Steiners Leben seit seiner Ankunft in Berlin 1897 schwierig war. Dieser Zustand dauerte bis 1898 an, als er wieder mit seiner späteren Ehefrau Anna Eunike zusammenzog, die er in Weimar kennengelernt und mit der er dort bereits zeitweilig zusammengewohnt hatte. Im praktischen Leben war Steiner vollkommen hilflos; er war außerstande, eigenverantwortlich einen Haushalt zu führen und in einer Wohnung selbst Ordnung zu halten. Offenbar gin-

74 Johanna Mücke und Alwin Alfred Rudolph: *Erinnerungen an Rudolf Steiner und seine Wirksamkeit an der Arbeiter-Bildungsschule in Berlin 1899–1904*, Basel 1955, S. 34.

Ludwig Jacobowski, Porträtfotografie
mit Widmung an Rudolf Steiner, 8. 5. 1899

gen für ihn Tag und Nacht nahtlos ineinander über, seine Wohnung soll ausgesehen haben wie nach einem Bombeneinschlag, und seine Ernährung wird vermutlich nicht besonders gut gewesen sein, denn er wurde vielfach als ausgehungert und abgemagert geschildert.

Sein Bekanntenkreis umfasste Einzelgänger-Existenzen wie die Dichterin Else Lasker-Schüler, den obdachlosen Dichter Peter Hille und den bizarren Jugendstilillustrator Fidus, außerdem Otto Erich Hartlebens literarischen Freundeskreis, die Malerin und Bildhauerin Käthe Kollwitz und den berühmten Pianisten Conrad Ansorge. Aber Steiner war eigentlich ein Fremdkörper in diesem Künstlermilieu und wurde mit Skepsis beobachtet, wie ein Priester ohne Rock. Selbst schrieb er ziemlich herablassend über das niedrige intellektuelle Niveau der «Dinge, die in Gesellschaften von Literaten jeden Abend am Biertische besprochen werden».[75] Der Dramaturg am Lessingtheater, Walter Harlan, der sich selbst als Außenseiter in diesen Kreisen fühlte, schrieb, dass Steiner für das Nachtleben der Boheme ungeeignet war, und erinnerte sich an ihn als einen «freischweifende[n], unbesoldete[n] Gottesgelehrte[n]» mit naturwissenschaftlicher Bildung.[76]

Das stärkste Indiz dafür, dass die Gerüchte über Steiners jahrelangen ausschweifenden Lebenswandel keine Verankerung in der Wirklichkeit haben, ist seine Arbeitsmenge in dieser Zeit. Vom Sommer 1897 bis zum Ende des Jahres 1898 schrieb er zwischen zwei- und dreihundert kürzere und längere Artikel für *Das Magazin für Litteratur.* Das sind zwischen drei und vier Artikel pro Woche. Dazu erledigte er die ganze redaktionelle Arbeit einer Wochenzeitung im Großformat mit zwölf dicht bedruckten, zweispaltigen Seiten; er war sowohl Redaktionssekretär als auch Korrekturleser, Rezensent wie Theaterkritiker. Außerdem inszenierte er Theaterstücke in einem dramatischen Verein und hielt einen Zyklus von acht Vorträgen in einer literarischen Gesellschaft. Er hatte mit anderen Worten kaum Freizeit, und allein aus diesem Grund müssen seine Ausschweifungen bescheiden gewesen sein, umso mehr als er ständig mit Geldmangel zu kämpfen hatte und Berlins billigste Restaurants aufsuchte, um mit seinen knappen Mitteln über die Runden zu kommen.

75 Rudolf Steiner: «Rudolf Strauss. ‹Novellen-Premieren›», in: *Gesammelte Aufsätze zur Literatur 1884–1902,* GA 32, 4. Aufl. Basel 2016, S. 207–211, hier S. 207.

76 Walter Harlan: «Der letzte Stadtbahnzug. Eine Erinnerung an Otto Erich Hartleben», in: *Vossische Zeitung,* 1917. Hier zitiert nach Wolfgang Vögele (Hrsg.): *Der andere Rudolf Steiner. Augenzeugenberichte, Interviews, Karikaturen,* Dornach 2005, S. 96.

Diese drastische Lebensform fand im Laufe des Jahres 1898 ein Ende. Als Alwin Alfred Rudolph vom Vorstand der Arbeiterbildungsschule, der sozialistischen Abendschule, in der Steiner ab 1899 als Lehrer für Rhetorik und Geschichte arbeitete, ihn aufsuchte, um ihm die Stelle anzubieten, fand er einen schlanken und gut gekleideten, aufgeräumt wirkenden Steiner vor, inmitten eines bürgerlichen Familienidylls: in einem wohlgeordneten Heim mit zwei schlichten Frauen, Anna Eunike und deren erwachsener Tochter. Alle biografischen Berichte über Steiners nachfolgende Zeit an der Arbeiterbildungsschule erzählen von einem ungewöhnlich tüchtigen und pflichtbewussten Lehrer, der für die erwachsenen Schüler auch an den Wochenenden zur Verfügung stand. Es gibt mehrere Berichte über Steiner aus seiner Zeit als Proletarierlehrer in Jahren um die Jahrhundertwende, und keiner davon berichtet von Ausschweifungen. Die Schüler erhielten gründlichen und engagierten Unterricht von einem Lehrer, der ohne Manuskript sprach, bereitwillig auf alle Fragen antwortete, alle gerecht behandelte und die Gespräche gerne auch nach dem offiziellen Unterrichtsschluss fortsetzte. Vom Januar 1899 an gibt es keine Spuren der «wilden Jahre» mehr, und es sind noch anderthalb Jahre bis zu Steiners erstem Vortrag bei den Theosophen.

Aber bei Zander dauern die «wilden Jahre» viel länger. Zurecht räumt er ein, dass Steiners Motive, Gedanken und Gefühle im Zusammenhang mit dem Übertritt zu den Theosophen nicht dokumentiert sind. «Nur eines ist im Rückblick klar», schreibt Zander: «In diesem Herbst [1900] begann Steiners Metamorphose, die den Bohemien des Berliner ‹Verbrechertischs› als Meister vom Stuhl der theosophischen Freimaurerei auferstehen ließ.»[77]

Aber dies ist nicht nur unsicher; es ist falsch. Als aktives Mitglied verließ Steiner Otto Erich Hartlebens *Verbrechertisch*, den Stammtisch der Boheme im Restaurant Künstlerklause, schon 1898, zwei Jahre vor Zanders Zeitangabe. Für das Verständnis von Steiners Biografie ist dies ein unnötiger Fehler, der große Konsequenzen für die Betrachtung von Ursache und Wirkung in der Zeit bis zu seinem Übergang zu den Theosophen hat.

Im April 1900 trat Hartleben aus der Redaktion des *Magazins für Litteratur* aus und zog von Berlin weg. In den Jahren 1898/99 hatte John Henry Mackay seinen Platz als Steiners bester Freund übernommen; Steiner wählte Mackay und nicht Hartleben zu seinem Trauzeugen. Aber auch die Nähe zu Mackay nahm im Laufe des Jahres 1899 ab.

77 Helmut Zander: *Rudolf Steiner*, S. 145.

Im November dieses Jahres klagte Steiner in einem Brief an Ludwig Jacobowski über Mackays Selbstbezogenheit. In diesem Brief verwendete er Anredeformen wie «lieber Freund» und «Du» – eine Vertraulichkeit, die er Mackay nie hatte zuteilwerden lassen.[78]

In Jacobowski hatte Steiner einen so engen Freund gefunden wie nie zuvor. Jacobowski teilte Steiners Drang zu asketischem Leben und unaufhörlichem Arbeitseinsatz. Der neue Freund fühlte sich berufen, sich selbst zu vervollkommnen, alle seine persönlichen Schwächen und Mängel zu überwinden und durch einen intensiven literarischen und sozialen Einsatz die Welt zu reformieren. Die beiden kinderlosen Männer, Rudolf Steiner und Ludwig Jacobowski, glaubten in den Jahren 1899/1900 wie viele andere ihrer Generation daran, dass das neue Jahrhundert den Anbruch einer neuen kulturellen Ära erleben werde, und sie waren fest entschlossen, in dieser neuen geistigen Entwicklung selbst eine Rolle zu spielen. Sie wetteiferten beinahe darum, wer von ihnen am meisten arbeiten und am wenigsten schlafen konnte. «Ich habe die Nacht vom Sonntag auf den Montag und ebenso die vom Montag auf den Dienstag ganz durchgearbeitet», schrieb Steiner im November 1899 an Jacobowski: «Daraus siehst Du, dass ich wahrhaftig sagen kann: ich arbeite mich halbtot.»[79]

Auch an Steiners Bekanntenkreis kann man ersehen, dass die Zeit der Café- und Kneipenbesuche 1899 vorbei war. Vom Bohemien Rudolf Steiner war nichts anderes übrig als die Cognacflasche mit der Steiner-Puppe, die er von Ludwig Jacobowski bekommen hatte und die zur Dekoration in der Wohnung stand, die er mit Anna Eunike teilte. Dieser Flasche ist in der Steiner-Forschung große Aufmerksamkeit zuteilgeworden, weil sie das einzige Zeichen dafür ist, dass Steiner noch im Dezember 1898, als Alwin Alfred Rudolph diese Flasche gesehen haben will, ein «wildes Leben» führte. Trank Steiner aus dieser Cognacflasche, oder trank er nicht aus ihr? Diese Frage lässt sich unmöglich beantworten. Aber Zander ist der Meinung, dass er aus ihr trank und dass dies beweise, dass Steiner zu diesem Zeitpunkt noch den «alkoholischen Freuden» zugeneigt war.[80] Dies dürfte der einzige Fall in der Forschungsgeschichte sein, dass ein Mann allein aufgrund einer Flasche Cognac, die zur Dekoration im Wohnzimmer stand, als trunksüchtig charakterisiert worden ist. Der Kunstmaler Joseph Rolletschek, Steiners alter Freund aus Wei-

78 Brief vom 23. November 1899, *Briefe II,* GA 39, S. 381 f.

79 Brief vom 23. November 1899, *Briefe II,* GA 39, S. 381.

80 Helmut Zander: *Rudolf Steiner,* S. 103.

mar, der Steiner zur selben Zeit in derselben Wohnung besuchte, erzählt, dass er Mühe hatte, ernst zu bleiben, als er *Kakao* serviert bekam – in Künstlerkreisen ein lächerliches und bürgerliches Getränk. Steiner war zu dieser Zeit, erinnert sich Rolletschek, Abstinenzler geworden. Aber dies passt nicht in Zanders Doppelgängerbild und ist deshalb auch nicht in seine Steiner-Biografie aufgenommen worden.[81]

81 Joseph Rolletschek, in: *Neues Wiener Journal,* 29. Juni 1928. Hier zitiert nach Vögele (Hrsg.): *Der andere Rudolf Steiner,* S. 68; vgl. Helmut Zander: *Rudolf Steiner,* S. 103.

Konstruierte Radikalität

In den Jahren 1897–1902 macht Zanders Steiner-Doppelgänger einen Prozess durch, der am Ende seines Aufenthalts in Weimar mit *Nihilismus* beginnt und mit einer *Bekehrung* zur Theosophie endet. Das erste Glied in der Konstruktion dieses Doppelgängers wird mit einer Zitatkunst etabliert, die mit allen Regeln redlicher Wiedergabe bricht. In *Goethes Weltanschauung* (1897) lege Steiner, schreibt Zander, ein «einzigartiges Bekenntnis» zu Max Stirner ab, indem er das berühmte Schlüsselzitat aus *Der Einzige und sein Eigentum* zitiert, das mit dem Satz schließt: «ich hab' mein Sach' auf Nichts gestellt.» Zander kommentiert:

> «Das war Nihilismus ohne Vorbehalte, Steiner hatte im Land des Atheismus Wurzeln geschlagen. [...] Mit solchen Positionen wurde Steiner in Weimar heimatlos: als atheistischer Anarchist fremd im Goethe- und Schillerarchiv, von Elisabeth Förster-Nietzsche rüde ausgebremst, an der Universität chancenlos.»[82]

Wenn dies richtig wäre, muss Steiner alles andere als ein Karrierist gewesen sein, so wie Zander ihn sonst porträtiert. Er muss ganz im Gegenteil ein echter Aufrührer gewesen sein, der an seinen persönlichen Überzeugungen festhielt, ohne Rücksicht darauf, dass dies seine Zukunftsaussichten trüben könnte. Aber es ist typisch für Zander, dass er Steiner ganz unterschiedlich porträtiert, je nachdem, worauf er gerade hinauswill. Am Ende der Weimarer Zeit ist es ihm weit wichtiger, dass Steiner als Atheist und Nihilist erscheint, um so der kommenden Bekehrung zusätzliche Sprengkraft zu verleihen, und weniger wichtig, ihn als Opportunisten zu zeigen.

Aber die Behauptung, dass Steiner in *Goethes Weltanschauung* ohne Vorbehalte Stirners Standpunkt eingenommen hätte, ist nicht korrekt. Zander verkürzt vielmehr das Zitat, das nach dem Stirner-Referat so weitergeht:

82 Helmut Zander: *Rudolf Steiner,* S. 99.

«Aber zugleich darf der Mensch zu diesem Stirner'schen Geist, wie Faust zu Mephistopheles sagen: ‹In deinem Nichts hoff' ich das All zu finden›, denn in meinem Innern wohnt in individueller Bildung die Wirkungskraft, durch welche die Natur das All schafft. Solange der Mensch in sich diese Wirkungskraft nicht geschaut hat, wird er sich ihr gegenüber erscheinen wie Faust dem Erdgeist gegenüber. Sie wird ihm stets die Worte zurufen: ‹Du gleichst dem Geist, den du begreifst, nicht mir!› Erst die Anschauung des tiefsten Innenlebens zaubert diesen Geist hervor, der von sich sagt:

In Lebensfluten, im Tatensturm
Wall' ich auf und ab,
Webe hin und her!
Geburt und Grab,
Ein ewiges Meer,
Ein wechselnd Weben,
Ein glühend Leben,
So schaff' ich am sausenden Webstuhl der Zeit
Und wirke der Gottheit lebendiges Kleid.

Ich habe in meiner ‹Philosophie der Freiheit› (Weimar, Emil Felbers Verlag 1894) darzustellen versucht, wie die Erkenntnis, dass der Mensch in seinem Tun auf sich selbst gestellt ist, hervorgeht aus dem innersten Erlebnis, aus der Anschauung der eigenen Wesenheit. Stirner hat bereits 1844 die Ansicht verteidigt, dass der Mensch, wenn er sich wahrhaft versteht, nur in sich selbst den Grund für seine Wirksamkeit sehen könne. Bei ihm geht aber diese Erkenntnis nicht aus der Anschauung des innersten Erlebnisses, sondern aus dem *Gefühle* der Freiheit und Ungebundenheit gegenüber allen Zwang heischenden Weltmächten hervor. Stirner bleibt bei der *Forderung* der Freiheit stehen; ich versuche das Leben in der Freiheit zu schildern, indem ich zeige, was der Mensch erblickt, wenn er auf den Grund seiner Seele sieht.»[83]

Steiner spielt hier – und das heißt sogar in seinem am stärksten nietzscheanischen Werk – *seine eigene Mysterienerfahrung*, nämlich die «Anschauung der eigenen Wesenheit», gegen Stirners Individualismus aus. Er spricht also bereits im Jahre 1897 von einer Transzendierung des Individualismus hin zur Mysterienerfahrung. Die eigene Wesenheit, das Menschen-Ich, war für Steiner kein isoliertes Ego, sondern *die der*

83 Rudolf Steiner: *Goethes Weltanschauung*, GA 6, 8. Aufl. Dornach 1990, S. 93 f.; hier nach dem Wortlaut der Erstausgabe, S. 78 f.

ganzen Natur innewohnende Schöpferkraft in individueller Form. Diese der Natur innewohnende Schöpferkraft war für den jungen Steiner die kosmische Gottheit – Gott, der in allen Dingen lebt. Nicht einmal auf diesem äußersten, vorgeschobenen Posten des Pantheismus oder des *logos*-Denkens, als er auf dem Höhepunkt seines Nietzscheanismus 1897 Stirner zitierte, als er jeglichen Glauben an eine jenseitige Geistigkeit über Bord geworfen hat, konnte Steiner den Gedanken an eine alles durchdringende kosmische Kraft aufgeben, die es im Menschen in individueller Form geben musste. Er zitierte Stirner, aber nur als ein Stadium, das überwunden werden musste. Er beschwor Stirners Individualismus herauf, bannte ihn aber sogleich wieder, indem er Goethes *Erdgeist* zu Hilfe rief, der ein literarischer Repräsentant von Schellings *Weltseele,* Hegels *Weltgeist* und Plotins *das Eine* war. Er postulierte die Einsamkeit des Einzelnen im Weltall, jagte aber den Atheismus sofort wieder aus diesem leeren Raum hinaus, und zwar mittels eines Gedichtfragments, das offen von Gott sprach. Er hätte mit ebenso großer Glaubhaftigkeit seinen Unglauben mit einem Bibelvers untermauern können. Näher bei Stirner und Nietzsche als hier ist Steiner nie gewesen, und näher würde er ihnen nie kommen. Wenn Zander den Steiner von 1897 als ‹atheistischen Anarchisten› charakterisiert, ist dies stark irreführend.

Die pantheistische Ellipse

Ausgehend vom Goethe'schen Pantheismus, den Steiner in den 1880er-Jahren vertrat, entwickelte sich sein Denken durch die ganzen 1890er-Jahre hindurch in eine individualistische Richtung. Doch lässt sich der Pantheismus als eine Ellipse mit zwei Brennpunkten beschreiben, einem idealistisch-allgemeinen und einem materialistisch-individualistischen. Sozusagen als Begleiterscheinung des stärker werdenden Individualismus bewegte sich Steiners Denken vom spiritualistischen Brennpunkt dieser pantheistischen Ellipse zu deren materialistischem Brennpunkt, obgleich es nie, auch nicht in seiner Haeckel-Phase, ganz aus dieser Ellipse heraustrat. Weil er das Individuum in der nachhegelianischen Tradition von Feuerbach und Stirner bis Nietzsche verstand, sah er die Entstehung des Individuums als die Kehrseite der Entmachtung und Auflösung Gottes: Das Individuum gewinnt seine Freiheit und Souveränität durch die Entthronung Gottes, psychologisch gesehen, indem es die Projektion seines eigenen Wesens in sich selbst zurückholt. Individualismus und Gottlosigkeit sind somit zwei Seiten derselben Medaille. Steiners Widerstand galt jedoch vor allem dem äußeren, persönlichen Gott, dem Weltherrscher und Schicksalsrichter, nicht Spinozas oder Goethes weniger handgreiflicher und stärker diesseitigen, im Grunde mystischen Gottheit.

Diese mystische Unterströmung findet man, wie gesagt, bereits in Steiners Begeisterung für Haeckels Monismus Ende der 1890er-Jahre; sie verlieh seiner Haeckel-Anhängerschaft etwas Forciertes, das dazu auffordert, nach Mehrdeutigkeiten Ausschau zu halten. Je passionierter Steiners Fortschrittsmanifeste in den 1890er-Jahren wurden, desto deutlicher wurde auch, dass sie von jemandem geschrieben waren, der den Fortschritt über die eine oder andere Grenze treiben wollte. Seine Ablehnung der Offenbarungsreligionen erscheint heute weniger als eine Ablehnung einer geistigen Dimension denn vielmehr als ein Versuch, den Geist unter einer neuen Adresse einziehen zu lassen: Steiner ließ den Geist von einer Welt außerhalb des Menschen in das menschliche *Ich* umziehen.

In seinem philosophischen Erstling, der Goethe-Einleitung von 1884, trat Steiner als Goethe'scher Pantheist in Erscheinung. Aber schon zwei

Jahre später, in seiner Schrift *Grundlinien einer Erkenntnistheorie der Goetheschen Weltanschauung mit besonderer Rücksicht auf Schiller*, die von einer Identität zwischen dem Weltgrund und dem Denken ausging, lag in dem abstrakten Goethe'schen Pantheismus der Keim zu einem konkreten Individualismus, obgleich noch in Form einer Gleichsetzung von Individuum und göttlichem Weltgrund. In *Die Philosophie der Freiheit* (1894) tauschten Individualismus und Pantheismus den Platz: Hier fand sich die Idee des spinozistischen Pantheismus, dass *die Welt Gott* sei, als ein Überbleibsel von Steiners Goethe-Studien eingebettet in einem anarchistischen Individualismus, der alles Wissen und alle Moral auf die Selbstverwirklichung des Einzelindividuums gründen wollte. In *Friedrich Nietzsche. Ein Kämpfer gegen seine Zeit* (1895) schrieb Steiner, dass es keine andere göttliche Kraft gebe als diejenige, die im Menschen wirke. In *Goethes Weltanschauung* (1897) wurde diese Tendenz in Formulierungen wie den folgenden zugespitzt: «in dem Subjektiven [lebt] das eigentlichste und tiefste Objektive» oder: «Dem einzelnen Menschen erscheint die Wahrheit in einem individuellen Kleide. Sie passt sich der Eigenart seiner Persönlichkeit an.»[84] Der zunehmend extremer werdende Individualismus kulminierte in dem Aufsatz «Der Egoismus in der Philosophie» (1899), wo die ganze europäische Philosophie von der Antike bis zu Nietzsche als eine Bildungsgeschichte gelesen wurde, deren letztes Ziel und Kapitel das freie, souveräne Individuum war.

In der *Philosophie der Freiheit* (1894) ebenso wie in *Haeckel und seine Gegner* (1899) und in *Welt- und Lebensanschauungen* (1900/01) versuchte Steiner, diesem freien Individuum mithilfe der Evolutionslehre ein naturwissenschaftliches Fundament zu geben. Steiner konnte sich hier, wie gesagt, auf die logische Erklärung der verblüffenden Zweckdienlichkeit der Lebensformen durch den Darwinismus stützen. Das Prinzip der natürlichen Selektion, die zweckmäßigen Eigenschaften im Lebenskampf den Vorzug gab, machte externalisierte, anthropomorphe Gottesvorstellungen überflüssig, um die Zweckdienlichkeit in der natürlichen Welt zu erklären. Dies war wichtig für Steiner, weil ihm anthropomorphe Gottesvorstellungen im Weg standen, wenn es darum ging, seine Auffassung von der Fähigkeit des Menschen zu vertreten, die Rätsel des Lebens und der Welt unabhängig von der göttlichen Offenbarung zu lösen. Diese Fähigkeit knüpfte Steiner in *Die Philosophie der Freiheit* an seine Vorstellung vom *Denken* als Element, in dem der Mensch

84 Rudolf Steiner: *Goethes Weltanschauung*, GA 6, S. 64 f.

eins sein kann mit dem «gemeinsame[n] Urwesen, das alle Menschen durchdringt».[85] Der persönliche, jenseitige christliche Gott stand einem mystischeren Gottesbegriff im Wege.

Um diesen wichtigen Punkt zu wiederholen: Steiner verstand die Evolutionslehre so, dass die Arten als Neubildungen durch zufällige Mutationen entstanden, dass aber der Menschengeist, wenn er eine neue *Art* war, eine Neubildung ohne jegliche Voraussetzungen und Steuerung, auch ohne Vorzeit war und damit frei. So entwickelte Steiner einen Geistesbegriff, der im Gegensatz zu dem traditionellen christlichen Glauben stand und der sich stattdessen auf Religionskritik und Evolutionslehre stützte. Er war der Meinung, dass die Naturwissenschaft das Christentum untergrub, obwohl sie *gleichzeitig* seine Auffassung vom Menschen als einem geistigen Wesen mit der Möglichkeit zu Freiheit und grenzenloser Erkenntnis unterstützte.

85 Rudolf Steiner: *Dokumente zur «Philosophie der Freiheit»*, GA 4a, S. 201.

War Steiner Atheist?

Nicht nur Zander meint, dass Steiner sich in dem Buch *Goethes Weltanschauung* von 1897 zum «Atheisten» erklärte. Jan-Erik Ebbestad Hansen schließt sich dieser Ansicht an, ohne jedoch auf Zander zu verweisen. In seinem Lexikonartikel schreibt er, dass Steiner sich in *Goethes Weltanschauung* «als ein Kritiker des Idealismus und als Atheist und Naturalist» profilierte.[86]

Diese Aussage ist schlecht fundiert. Zum Ersten *profilierte* sich Steiner in *Goethes Weltanschauung* nicht als Kritiker des philosophischen Idealismus, in dem Sinne, dass er in dieser Schrift in puncto Idealismus eine neue Richtung eingeschlagen hätte. Die Kritik des Idealismus war bei Steiner durchaus nichts Neues. Schon in der zweiten Goethe-Einleitung aus dem weit zurückliegenden Jahr 1887 finden wir Kritik an einem «einseitige[n] Idealismus» und an Fichtes «Irrtum».[87] *Wahrheit und Wissenschaft* von 1892 war eine Kritik des Subjektivismus bei Kant und Fichte, und hier hieß es im Vorwort, dass die «stolzen Gedankengebäude Fichtes, Schellings und Hegels [...] ohne Fundament» dastehen und «Irrtum auf Irrtum, Einseitigkeit auf Einseitigkeit» bauten, weil sie keine «Kenntnis der Bedeutung der reinen Ideenwelt» gehabt hätten.[88]

Zum Zweiten gestaltete sich Steiners Kritik des Idealismus nie so, dass er ihn vollständig und für immer zur Seite gelegt hätte. Zum Beispiel gab er nie die grundlegende Voraussetzung der idealistischen und Hegel'schen Erkenntnistheorie auf, nämlich die Vorstellung, in der wahren Erkenntnis bilde sich der Mensch keine subjektiven Ideen *von* der Wirklichkeit, sondern er hebe sich dergestalt auf ein höheres Bewusstseinsniveau, dass das Wesen der Welt und die Idee des Menschen eins würden. Alle Werke Steiners von vor 1902 enthalten dieselbe Grundidee, die von einem rein geistigen Weltengrund ausgeht, gebildet von *Gedan-*

86 Jan-Erik Ebbestad Hansen: «Rudolf Steiner», *Store Norske Leksikon.*

87 Rudolf Steiner: *Einleitungen zu Goethes Naturwissenschaftlichen Schriften,* GA 1, S. 224 und 225.

88 Rudolf Steiner: *Wahrheit und Wissenschaft. Vorspiel zu einer «Philosophie der Freiheit»,* GA 3, 6. Aufl. Basel 2012, S. 11.

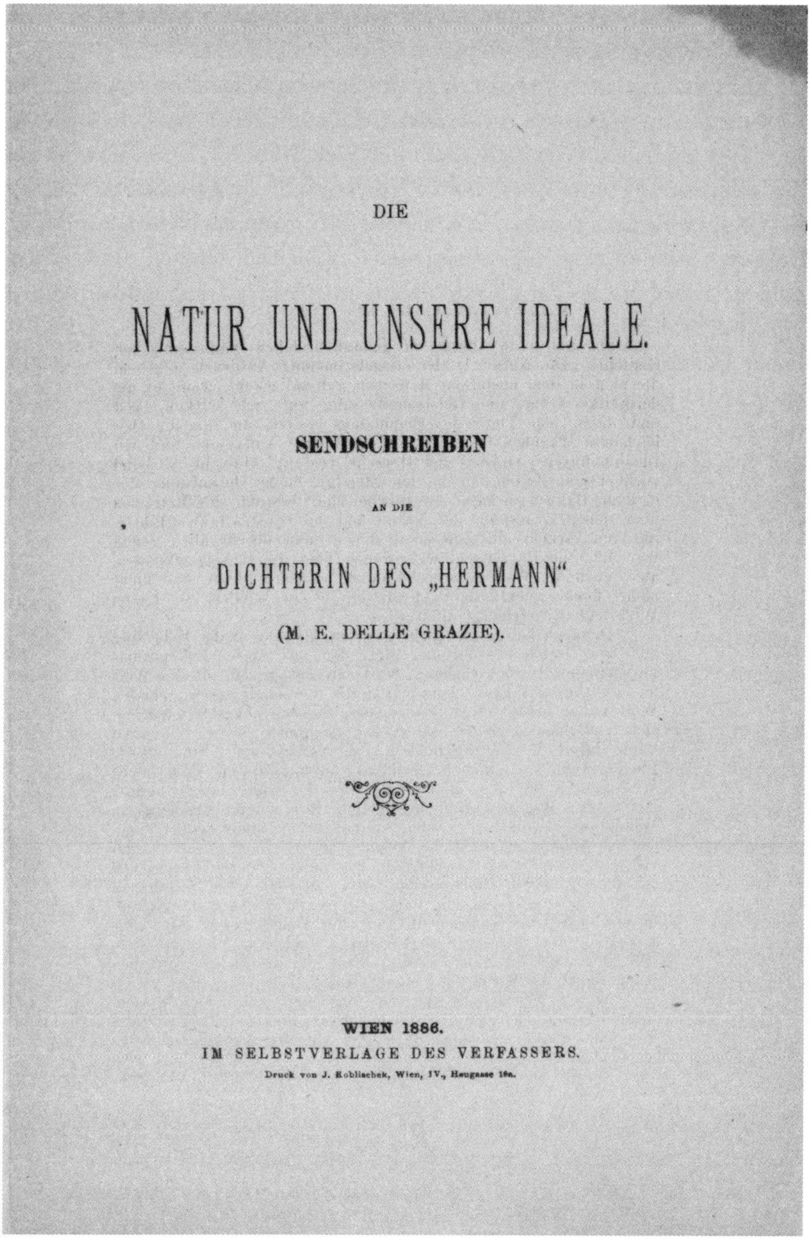

DIE

NATUR UND UNSERE IDEALE.

SENDSCHREIBEN

AN DIE

DICHTERIN DES „HERMANN"

(M. E. DELLE GRAZIE).

WIEN 1886.

IM SELBSTVERLAGE DES VERFASSERS.

Druck von J. Koblischek, Wien, IV., Heugasse 18a.

Rudolf Steiner: *Die Natur und unsere Ideale,* 1886, vierseitiges Sendschreiben an die Dichterin des «Hermann» *kenstoff*, der das Weltall durchwebt und in individualisierter Form im Geist und in der Seele des Menschen Gestalt annimmt.

Ebbestad Hansens Bezeichnung Steiners als Atheist basiert auf einer Definition von Atheist als *nicht-Theist*, das heißt als jemand, der nicht an einen persönlichen Gott außerhalb der Welt glaubt.[89] Dies ist aus zwei Gründen irreführend: Zum einen wird der nicht-theistische Standpunkt in *Goethes Weltanschauung* 1897 als etwas für Steiner Neues dargestellt, während Steiner *zu keiner Zeit* jemals einen theistischen Standpunkt eingenommen hatte. Zum anderen meint «Atheist» im gewöhnlichen Sprachgebrauch zumeist eine materialistisch orientierte Person, die jeglichen Glauben an eine übersinnliche Wirklichkeit ablehnt. Der Begriff ist deshalb geeignet, Missverständnisse hervorzurufen, wenn er auf einen Autor und ein Buch angewendet wird, das für Goethes Konzeption der Naturwissenschaft eintritt, die in einer mystischen, hermetischen Tradition steht. Steiner einen Atheisten zu nennen, bedeutet, ihn losgelöst von seinem Werk und seiner Zeit zu betrachten.

Für Steiners Gottesbegriff in den Jahren 1886 und 1887 – die Jahre, in denen sich Steiner laut Ebbestad Hansen angeblich als Atheist «profilierte» – sind insbesondere drei Werke aufschlussreich: Die *Grundlinien einer Erkenntnistheorie* von 1886, sein Erstling, der kleine Privatdruck *Die Natur und unsere Ideale* aus dem Sommer desselben Jahres, und die Einleitung zum zweiten Band von Goethes naturwissenschaftlichen Schriften von 1887. Diese drei eher knapp gefassten Werke bilden den gedanklichen Horizont, vor dem sich der Rest von Steiners vortheosophischem Werk entfaltet.

In diesen drei Frühwerken umkreist Steiner dasselbe Thema und formuliert auf verschiedene Weise dieselbe Idee: Dass sich Gott in uns ausgegossen habe, um die Freiheit des Menschen zu fördern, sodass wir gezwungen sind, auf eigene Erfahrungen und eigene Einsichten zu vertrauen, wenn wir die Welt verstehen und in ihr handeln wollen. In *Die Natur und unsere Ideale* schreibt er:

> «Wir sollten endlich zugeben, dass der Gott, den eine abgelebte Menschheit in den Wolken wähnte, in unserem Herzen, in unserem Geiste wohnt. Er hat sich in voller Selbstentäußerung ganz in die Menschheit

89 Siehe den Kommentar zu Ebbestad Hansens Rudolf Steiner-Artikel in *Store Norske Leksikon: «Goethes Weltanschauung* betreffend. Die Bestimmung von Steiner als Atheist bezieht sich auf seine Ablehnung des theistischen Gottesbegriffs.» (Jan-Erik Ebbestad Hansen: «Rudolf Steiner», *Store Norske Leksikon.*)

> ausgegossen. Er hat für sich nichts zu wollen übrig behalten, denn er wollte ein Geschlecht, das frei über sich selbst waltet. Er ist in der Welt aufgegangen. Der Menschen Wille ist sein Wille, der Menschen Ziele seine Ziele. Indem er den Menschen seine ganze Wesenheit eingepflanzt hat, hat er seine eigene Existenz aufgegeben. Es gibt einen ‹Gott in der Geschichte› nicht; er hat aufgehört zu sein um der Freiheit der Menschen willen, um der Göttlichkeit der Welt willen.»[90]

Denselben Gedanken hat Steiner in den *Grundlinien* zum Ausdruck gebracht. Dass Gott in die Welt eingezogen ist, heißt nichts anderes, als dass die Natur und die Menschen entstanden sind, indem die göttliche Substanz als lebendiges Inneres wirkt in allem, was existiert. Auch der Mensch trägt auf diese Weise Gott als etwas Substanzielles in sich. Das bedeutet auch, dass Selbsterkenntnis dasselbe ist wie Gotteserkenntnis. Deshalb ist der moderne Individualismus die Methode, die den Menschen Gottes Willen erkennen und ausführen lässt, oder wie es in *Grundlinien* zusammengefasst ist:

> «Der Weltengrund hat sich in die Welt vollständig ausgegossen; er hat sich nicht von der Welt zurückgezogen, um sie von außen zu lenken, er treibt sie von innen; er hat sich ihr nicht vorenthalten. Die höchste Form, in der er innerhalb der Wirklichkeit des gewöhnlichen Lebens auftritt, ist das Denken und mit demselben die menschliche Persönlichkeit. Hat somit der Weltengrund Ziele, so sind sie identisch mit den Zielen, die sich der Mensch setzt, indem er sich darlebt. Nicht indem der Mensch irgendwelchen Geboten des Weltenlenkers nachforscht, handelt er nach dessen Absichten, sondern indem er nach seinen eigenen Einsichten handelt. Denn in ihnen lebt sich jener Weltenlenker dar. Er lebt nicht als Wille irgendwo außerhalb des Menschen; er hat sich jedes Eigenwillens begeben, um alles von des Menschen Willen abhängig zu machen.»[91]

Da das Göttliche solcherart im Inneren des Menschen lebt, führt die tiefste Selbsterkenntnis zugleich zur Einsicht in das Gute, und die individuelle Handlung ist zugleich Gottes Wille. Hier tritt der junge Stei-

---

90 Rudolf Steiner: Die Natur und unsere Ideale. Sendschreiben an die Dichterin des «Hermann», in: *Methodische Grundlagen der Anthroposophie 1884–1901*, GA 30, 3. Aufl. Dornach 1989, S. 237–240, hier S. 239.

91 Rudolf Steiner: *Grundlinien einer Erkenntnistheorie der Goetheschen Weltanschauung mit besonderer Rücksicht auf Schiller*, GA 2, 8. Aufl. Dornach 2003, S. 125.

ner für eine Modernisierung der Religion und des Gottesbegriffes ein. Der Mensch ist nicht länger ein unselbstständiges, untertäniges Wesen, das einem allmächtigen Gott außerhalb der Welt gegenübersteht, dessen Wille durch die Religionen vermittelt wird. Der Mensch ist vielmehr ein selbstständiges und souveränes Wesen, das Gott allein in seinem Inneren begegnen kann, das heißt durch Selbsterkenntnis. Es gibt keinen Gott außerhalb des Menschen, vor dem wir uns beugen oder dem wir gehorchen müssten. Wollen wir die Wahrheit erlangen, so ist dies nur durch individuelle Erkenntnis möglich. «Wenn das einmal durchgreifend erkannt sein wird, dann haben die Offenbarungsreligionen abgewirtschaftet», heißt es in Steiners Einleitung zum zweiten Band von Goethes naturwissenschaftlichen Schriften in der *Deutschen Nationallitteratur* (1887):

> «Der Mensch wird dann gar nicht mehr wollen, dass sich Gott ihm offenbare oder Segen spende. Er wird durch eigenes Denken erkennen, durch eigene Kraft sein Glück begründen wollen. Ob irgendeine höhere Macht unsere Geschicke zum Guten oder Bösen lenkt, das geht uns nichts an; wir haben uns selbst die Bahn vorzuzeichnen, die wir zu wandeln haben. Die erhabenste Gottesidee bleibt doch immer die, welche annimmt, dass Gott sich nach Schöpfung des Menschen ganz von der Welt zurückgezogen und den Letzteren ganz sich selbst überlassen habe. [...] Der Weltlenker hat sich seiner Macht begeben, hat alles an den Menschen abgegeben, mit Vernichtung seines Sonderdaseins, und dem Menschen die Aufgabe zuerteilt: wirke weiter.»[92]

Fassen wir den Gedankengang zusammen: Gott schafft den Menschen, zieht sich aber gleichzeitig von ihm zurück, indem er in das Innere der Welt und des Menschen verschwindet. Gott bildet nun die Innenseite der Welt und des Menschen. Er ist das innerste Wesen sowohl der Natur als auch des Menschen, aber der Mensch weiß davon nichts. Der Mensch ist alleine in einer Welt von Rätseln. Indem wir zu Bewusstsein kommen, sind wir uns selbst ein Rätsel und stehen fragend der Natur gegenüber. Rätsel und Frage wecken in uns den Trieb, die Welt zu erkennen, uns selbst zu verstehen und unsere Persönlichkeit zu verwirklichen. Aber weil der Weltgrund, der Weltenlenker, also Gott, im Inneren der Welt und in unserem eigenen Inneren lebt, führen uns Naturerkenntnis,

92 Rudolf Steiner: *Einleitungen zu Goethes Naturwissenschaftlichen Schriften*, GA 1, S. 125 und 200.

Selbsterkenntnis und Selbstverwirklichung in die Krypta, ins Allerheiligste der Wirklichkeit, wo wir die göttliche Schöpferkraft finden, die «Urkraft», von der Steiner in seiner Einleitung zu Goethes naturwissenschaftlichen Schriften von 1887 schreibt, oder *Gott*.[93] Je stärker, reiner und intensiver unser Individualismus ist, desto näher kommen wir Gott. Das ist das zentrale Paradoxon des Steiner'schen Individualismus. Je absoluter das gottlose Individuum ist, desto näher ist es dem Mysterium. Der Individualismus des jungen Steiner ist gottlos, aber er führt gerade deswegen zu einer Mysterienerfahrung, die das Wesen des Menschen und der Welt gewahr werden lässt.[94]

93 Rudolf Steiner: *Einleitungen zu Goethes Naturwissenschaftlichen Schriften*, GA 1, S. 166.

94 Vgl. Rudolf Steiner: *Einleitungen zu Goethes Naturwissenschaftlichen Schriften*, GA 1, S. 159–167.

Mystik der Nüchternheit

Der janusköpfige Individualismus Steiners ist die Grundlage dessen, was ich in *Morgen ved midnatt* die «Mystik der Nüchternheit» in seiner Philosophie genannt habe.[95] Zwar verurteilt Steiner in *Goethes Weltanschauung* die Mystik als Geistesrichtung, aber dort definiert er den Mystiker als jemanden, der sich «in eine Welt unklarer Empfindungen und Gefühle» vertieft. Während die Mystiker «die Klarheit der Ideen» verachteten und nur «subjektive Erregungen» erlebten, könne derjenige, der «sich in die belebte Welt der Ideen» vertiefe, «das Wesen der Welt» erleben, indem «das Feuer des Weltgeheimnisses» in ihm auflodere.[96] Es ist also die gefühlsbetont-schwärmerische Haltung der Mystiker, die er verurteilt, nicht die Mystik an sich. Denn nachdem er gefühlsbasierte Schwärmerei als Selbstbetrug abgelehnt hat, beschreibt er die gedankliche Erkenntnis mit den Begriffen der Mystik:

> «Die befriedigende Grundstimmung, die Goethes Weltanschauung für ihn hat, ist derjenigen ähnlich, die man bei den Mystikern beobachten kann. Die Mystik geht darauf aus, in der menschlichen Seele den Urgrund der Dinge, die Gottheit zu finden. [...] Er [der Mystiker] glaubt in Augenblicken, in denen ihm das gelingt, Gott lebe in ihm. Eine ähnliche Empfindung ruft auch die Goethe'sche Weltanschauung in dem hervor, der sich zu ihr bekennt.»[97]

Wer also Goethes Weltanschauung denkend erlebt, empfindet dieses Erlebnis so, als ob Gott in ihm lebt, weil Goethes Weltanschauung das innerste Wesen der Welt ausdrückt, das Gott *ist.* Gott ist in der Ideenwelt aufgegangen – oder wie Steiner 1887 in der zweiten seiner Einleitungen zu Goethes naturwissenschaftlichen Schriften schrieb: «Was die Philosophen das Absolute, das ewige Sein, den Weltengrund, was die Religionen Gott nennen, das nennen wir [...]: die Idee.»[98]

95 Kaj Skagen: *Morgen ved midnatt,* S. 649.

96 Rudolf Steiner: *Goethes Weltanschauung,* GA 6, S. 77.

97 Rudolf Steiner: *Goethes Weltanschauung,* GA 6, S. 76.

98 Rudolf Steiner: *Einleitungen zu Goethes Naturwissenschaftlichen Schriften,* GA 1, S. 162.

Rudolf Steiner: *Goethes Weltanschauung*, Cover der Erstausgabe

Dies darf man nicht in dem Sinne missverstehen, dass jede schrullige Idee oder jeder beliebige komplizierte Gedanke das innerste und göttliche Wesen der Welt sei. Hier ist vielmehr von einer systematischen Betrachtung der Welt und des Selbst die Rede, die das Bewusstsein des Menschen auf eine Stufe emporhebt, auf der er für sein eigenes innerstes Wesen und das der Welt empfänglich wird, das als Idee auftritt, aber als Bild erlebt wird, so wie Goethe das Wesen des Organismus in Form der Urpflanze erlebte oder *schaute*. Steiner geht es hier um eine Tiefenerkenntnis, die sich als Schau manifestiert und in dem Erlebnis kulminiert, dem Göttlichen gegenüberzustehen. Deshalb bedarf es einer mystisch-kultischen Sprache, um den menschlichen Erkenntnisprozess zu bezeichnen. Bei Steiner impliziert dieser Erkenntnisprozess, dass die Spaltung zwischen dem erkennenden Subjekt und dem zu erkennenden Objekt überwunden wird. Ein Ding zu erkennen bedeutet, dass das Wesen des Dinges in das Bewusstsein des Menschen eingeht, wo es als Idee auftritt. Auf dieser Stufe fallen also das Wesen des Dinges und die Idee davon in eins:

> «Indem sich das Denken der Idee bemächtigt, verschmilzt es mit dem Urgrunde des Weltendaseins; das, was außen wirkt, tritt in den Geist des Menschen ein: er wird mit der objektiven Wirklichkeit auf ihrer höchsten Potenz *eins. Das Gewahrwerden der Idee in der Wirklichkeit ist die wahre Kommunion des Menschen.*»[99]

So benutzte der junge Steiner im selben Werk, in dem er die Zeit der Offenbarungsreligionen für beendet erklärte, das zentrale christliche Sakrament des Abendmahls als Bild für den Erkenntnisprozess. Das kann er tun, weil die Offenbarungsreligionen auf eine Geistesdimension *außerhalb* der Welt und des Menschen verweisen, während die wahre Geistesdimension im Menschen selbst und in *dieser* Welt zu finden ist. Steiner lehnte die Offenbarungsreligionen ab, weil das, was sie offenbaren, als Mysterienerfahrung vergegenwärtigt werden kann, indem Denken und Vorstellung so intensiviert werden, dass das Bewusstsein des Individuums mit dem Wesen des Menschen und der Welt verschmilzt. Oder wie Steiner in eben jenem Buch schrieb, in dem er sich Ebbestad Hansen zufolge als Atheist profilierte: «Wer das wahrhafte Leben in der Ideenwelt lebt, der fühlt in sich das Wesen der Welt in einer Wärme wir-

99 Rudolf Steiner: *Einleitungen zu Goethes Naturwissenschaftlichen Schriften*, GA 1, S. 126.

ken, die mit nichts zu vergleichen ist. Er fühlt das Feuer des Weltgeheimnisses in sich auflodern.»[100]

So wie 1887 in der Einleitung zu Goethes naturwissenschaftlichen Schriften die Abendmahlsmetapher Seite an Seite mit antireligiösen Aussagen auftrat, so finden wir 1897 die oben stehende Beschreibung der Erkenntnis der Ideenwelt als Mysterienerfahrung Seite an Seite mit eklatanten, aufsehenerregenden Angriffen auf Platonismus und Christentum. Weder Zander noch Ebbestad Hansen sehen diese widersprüchliche Doppelbewegung Steiners, der sich einerseits von den religiösen, idealistischen und mystischen Traditionen von Platon bis Hegel distanziert und andererseits auf einer Mysterienerfahrung beim Erkennen der Ideenwelt beharrt. Doch ist gerade diese Dialektik der zentrale und charakteristischste Zug im Leben und Denken des jungen Steiner. Sowohl existenziell als auch philosophisch gesehen handelt es sich um eine Individualisierung und Säkularisierung, die die Welt und das Individuum mit just der Göttlichkeit auflädt, die sie ablehnt. Das Göttliche wird aus der Welt vertrieben in ein letztes Exil im freien Individuum als Träger der «göttliche[n] Kraft, über die hinaus es keine andere gibt», wie es 1895 in *Friedrich Nietzsche. Ein Kämpfer gegen seine Zeit* hieß.[101] Weil jedoch Gottes Exil das Individuum ist, ist der gottlose Individualismus der Weg zu Gott.

100 Rudolf Steiner: *Goethes Weltanschauung*, GA 6, S. 77.
101 Rudolf Steiner: *Friedrich Nietzsche*, GA 5, S. 101.

Modernität als Martyrium der Seele

Die Grundidee vom Individualismus und der Selbsterkenntnis als einem Weg zur Wiedereroberung des verlorenen Göttlichen, die den jungen Steiner in den 1880er-Jahren umtrieb, verschwindet in den 1890er-Jahren nicht. Sie zeigt sich in Form eines esoterischen Untertons bei seinem radikalen Engagement für Individualismus und Naturwissenschaft, aber auch in unzweideutiger Klarheit mitten in seiner «atheistischen» Phase.

In dem Artikel «Ein wirklicher ‹Jünger› Zarathustras», veröffentlicht im *Magazin für Litteratur* vom 29. Oktober 1898, zwei Jahre vor seinem Treffen mit den Berliner Theosophen und vier Jahre vor seinem Übergang zur Theosophie, lobte Steiner sowohl Nietzsches Philosophie als auch die «individualistisch-anarchistische[] Richtung»; zugleich entwarf er ein spiritualistisches Menschenbild und beschrieb die Entwicklung der Menschheit als einen dialektischen Bildungsgang, auf dem sich die Eroberung des Geistes, die das Ziel der Geschichte sein sollte, nicht ohne Verschleierungen, Einseitigkeiten und Umwege vollzog.[102]

«Ein wirklicher ‹Jünger› Zarathustras» zeigt, dass Steiner Ende 1898 – also just zu der Zeit, in der er sich zum Anarchoindividualisten erklärte – eine Sicht auf die menschliche Entwicklung hatte, die mit esoterischen Grundgedanken übereinstimmte, genauer gesagt mit der Idee vom verlorenen Gott und dem Wiederfinden des Göttlichen durch den Individualismus, für die er selbst früher schon eingetreten war. Der Artikel baute auf derselben Vorstellung der Menschheitsentwicklung auf, die Steiner später in dem theosophisch inspirierten Werk *Die Geheimwissenschaft* (1909) und in der deutlicher anthroposophisch orientierten Philosophiegeschichte *Die Rätsel der Philosophie* (1914) vertrat. Der Grundgedanke dieser anthroposophischen Vorstellung der menschheitlichen Entwicklung ist, dass der Mensch in früheren Zeiten eine stärkere und direktere Verbindung zur Natur und zum Göttlichen hatte, eine Verbindung, die mit dem Fortschreiten der Moderne immer stärker verloren ging, während zugleich das Einzelindividuum immer deutlicher hervortrat.

102 Rudolf Steiner: «Ein wirklicher ‹Jünger› Zarathustras», in: *Gesammelte Aufsätze zur Kultur- und Zeitgeschichte 1887–1901,* GA 31, 3. Aufl. Dornach 1989, S. 475–479, hier S. 476.

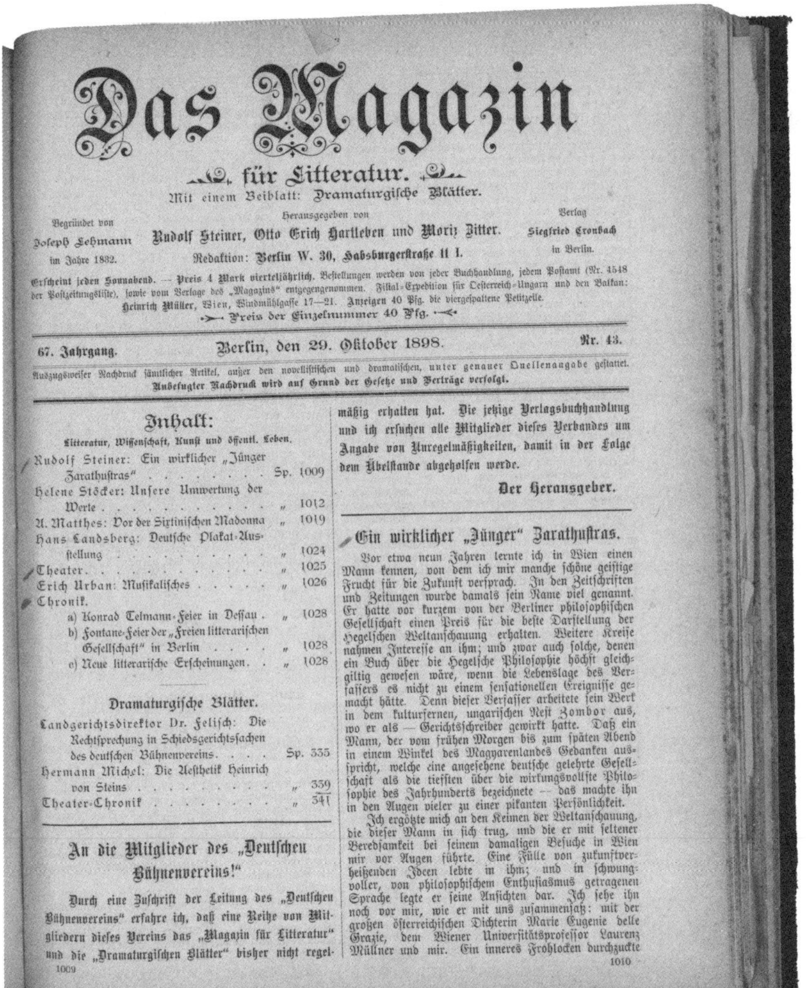

Das Magazin für Litteratur.
Mit einem Beiblatt: Dramaturgische Blätter.

Begründet von Joseph Lehmann im Jahre 1832.
Herausgegeben von Rudolf Steiner, Otto Erich Hartleben und Moriz Zitter.
Redaktion: Berlin W. 30, Habsburgerstraße 11 I.
Verlag Siegfried Cronbach in Berlin.

Erscheint jeden Sonnabend. — Preis 4 Mark vierteljährlich. Bestellungen werden von jeder Buchhandlung, jedem Postamt (Nr. 4548 der Postzeitungsliste), sowie vom Verlage des „Magazins" entgegengenommen. Filial-Expedition für Oesterreich-Ungarn und den Balkan: Heinrich Müller, Wien, Windmühlgasse 17—21. Anzeigen 40 Pfg. die viergespaltene Petitzeile.
Preis der Einzelnummer 40 Pfg.

67. Jahrgang. Berlin, den 29. Oktober 1898. Nr. 43.

Auszugsweiser Nachdruck sämtlicher Artikel, außer den novellistischen und dramatischen, unter genauer Quellenangabe gestattet.
Unbefugter Nachdruck wird auf Grund der Gesetze und Verträge verfolgt.

Inhalt:

Litteratur, Wissenschaft, Kunst und öffentl. Leben.

Dramaturgische Blätter.

An die Mitglieder des „Deutschen Bühnenvereins!"

Durch eine Zuschrift der Leitung des „Deutschen Bühnenvereins" erfahre ich, daß eine Reihe von Mitgliedern dieses Vereins das „Magazin für Litteratur" und die „Dramaturgischen Blätter" bisher nicht regelmäßig erhalten hat. Die jetzige Verlagsbuchhandlung und ich ersuchen alle Mitglieder dieses Verbandes um Angabe von Unregelmäßigkeiten, damit in der Folge dem Übelstande abgeholfen werde.

Der Herausgeber.

Ein wirklicher „Jünger" Zarathustras.

Vor etwa neun Jahren lernte ich in Wien einen Mann kennen, von dem ich mir manche schöne geistige Frucht für die Zukunft versprach. In den Zeitschriften und Zeitungen wurde damals sein Name viel genannt. Er hatte vor kurzem von der Berliner philosophischen Gesellschaft einen Preis für die beste Darstellung der Hegelschen Weltanschauung erhalten. Weitere Kreise nahmen Interesse an ihm; und zwar auch solche, denen ein Buch über die Hegelsche Philosophie höchst gleichgiltig gewesen wäre, wenn die Lebenslage des Verfassers es nicht zu einem sensationellen Ereignisse gemacht hätte. Denn dieser Verfasser arbeitete sein Werk in dem kulturfernen, ungarischen Nest Zombor aus, wo er als — Gerichtsschreiber gewirkt hatte. Daß ein Mann, der vom frühen Morgen bis zum späten Abend in einem Winkel des Magyarenlandes Gedanken ausspricht, welche eine angesehene deutsche gelehrte Gesellschaft als die tiefsten über die wirkungsvollste Philosophie des Jahrhunderts bezeichnete — das machte ihn in den Augen vieler zu einer pikanten Persönlichkeit.

Ich ergötzte mich an den Keimen der Weltanschauung, die dieser Mann in sich trug, und die er mit seltener Beredsamkeit bei seinem damaligen Besuche in Wien mir vor Augen führte. Eine Fülle von zukunftverheißenden Ideen lebte in ihm; und in schwungvoller, von philosophischem Enthusiasmus getragenen Sprache legte er seine Ansichten dar. Ich sehe ihn noch vor mir, wie er mit uns zusammensaß: mit der großen österreichischen Dichterin Marie Eugenie delle Grazie, dem Wiener Universitätsprofessor Laurenz Müllner und mir. Ein inneres Frohlocken durchzuckte

1009 1010

Rudolf Steiner: «Ein wirklicher ‹Jünger› Zarathustras»,
in: *Magazin für Litteratur,* 29.10.1898

Dieser Grundgedanke von Steiners Anthroposophie nach 1900 wird in dem oben genannten Artikel von 1898 explizit vertreten, zu einem Zeitpunkt, als Steiner Ebbestad Hansen zufolge «Atheist» war. In diesem Artikel schrieb Steiner, dass die alten Griechen und der moderne Mensch in einem vollkommen unterschiedlichen Verhältnis «zu den großen Rätselfragen des Daseins» stünden. Während «die Griechen der älteren Zeit» in «einer naiven und kindlichen Form» zu jener «in sich harmonischen, das Weltall mit einer großen Empfindung und einem großen Gedanken umspannenden Anschauung und Lebensführung gelangen» konnten, müssten «wir Gegenwärtigen» diesen Weg «allein» gehen.[103]

Hier verortete Steiner den Individualismus («alleine gehen») in einem historischen Prozess, dessen Ziel es war, Denken und Moral des Einzelnen in Einklang mit dem Kosmos zu bringen. Der moderne Individualismus wurde dabei als Mittel dargestellt, das es der jüngeren Menschheit ermöglichte, die gleiche Einheit mit der Natur zu erzielen, die die Griechen einst auf naive und kindliche Weise genossen hatten: «Die Griechen dieser älteren Zeit lebten in der sinnlichen Natur, ihre menschliche Wesenheit war für sie ein Stück Natur. Und wenn ihnen das Bild der großen Schöpferin [i.e. die Natur] vor Augen trat, so enthielt dieses Bild stets auch den ganzen, vollen Menschen in sich. Da kam Sokrates, da kam Plato. Sie sprachen die große Wahrheit aus, dass in dem Menschen etwas lebt, das höher als alle Natur ist: der Geist.»[104]

Das heißt: Mit dem Anbruch der griechischen Philosophie wurde der Mensch aus der kosmischen Alleinheit verstoßen. Aber diese Loslösung des Geistes aus dem All war zugleich seine Verselbstständigung. Plötzlich stand das Einzelindividuum da in seiner Einsamkeit und vor seinen Rätseln. Dieser selbstständige Geist, schreibt Steiner, versank jedoch in seiner Isolation von der Natur und dem All:

> «Und herausgerissen aus dem All war dieser menschliche Geist, den eine ältere Generation [Griechen] in ungetrennter Gemeinschaft mit der Natur wahrgenommen hatte. Als eine Welt für sich, neben und über der Natur, stand fortan dieser Geist vor den Augen der Menschen. Die platonische Ideenwelt ist der aus der Natur gerissene Geist, der nun über den Wassern schwebte. Ein schattenhaftes Gebilde wurde dieser Geist, als er den Zusammenhang mit den feuchten, warmen Säften der Natur verloren hatte.»[105]

Der losgerissene Menschengeist wurde sich selbst unwirklich in all seiner Selbstständigkeit. Und so wurde die innere Armut des Ich zu einer motivierenden Kraft im Christentum:

103 Rudolf Steiner: «Ein wirklicher ‹Jünger› Zarathustras», GA 31, S. 477.
104 Rudolf Steiner: «Ein wirklicher ‹Jünger› Zarathustras», GA 31, S. 477.
105 Rudolf Steiner: «Ein wirklicher ‹Jünger› Zarathustras», GA 31, S. 477.

> «Ein wirkliches Leben wollte diesem Geiste das Christentum geben. Aber es fand den Weg nicht zurück zur Natur, den Sokrates und Plato vorwärts zum Geiste gegangen waren. Es versetzte den Geist in ein eigenes Reich; und was Plato Ideen nannte: das nannten die Christen Gott und Engel. Aber Gott und die Engel waren nicht natürliche Wesen, im Stoffe dieser Welt. Hinzuerfunden waren sie zu dieser Welt. In das Jenseits waren sie versetzt; und das Diesseits wurde verleumdet als das irdische Jammertal.»[106]

Der Menschengeist kann den Weg in die naive Einheit mit der Natur und dem All nicht zurückgehen, einfach deshalb, weil er entstanden ist. In der Einheit mit der Natur und dem All kann es das Einzelindividuum oder den selbstständigen Menschengeist nicht geben. Der neugeborene selbstständige Geist kann seine Existenz nicht aufheben, indem er zur Natur oder zum All zurückkehrt, er erlebt seine Existenz außerhalb dieser größeren Zusammenhänge jedoch als leer und arm. Das Christentum ersetzt die konkrete Natur und das wirkliche Weltall durch einen jenseitigen Himmel. So wird dem Geist ein größerer Zusammenhang zuteil, in dem er leben kann. Aber damit vergrößert das Christentum die Spaltung zwischen Geist und Natur weiter, bis ins Äußerste. Der Geist ist jetzt nicht nur von der Natur und dem All losgelöst, er ist der Welt gänzlich fern. Die Welt, die in alter Zeit vom Licht des Geistes durchleuchtet war, ist damit in absolute Dunkelheit gefallen. Diese Dunkelheit kann nicht beendet werden, indem man «zurück zur Weltanschauung der Griechen» geht, weil eine Rückkehr dadurch unmöglich geworden ist, dass wir «den Geist in seiner eigenen Gestalt sehen gelernt» haben, das heißt als getrennt von der Natur. Doch muss der Geist aus seinem Exil im Himmel zurückgeholt werden: «Der Weg vom Himmel zur Erde muss wiedergefunden werden. Denn die Erde selbst hat den Geist, den Himmel in sich; und nur die Menschen haben es verlernt, den Geist auf der Erde auch zu finden, von dem sie Kenntnis erlangt haben» als etwas, das es im Diesseits gibt.[107]

Wenn der Geist vom Himmel zurück zur Natur geführt ist, muss er auf eine Weise *erlebt* werden, die ihn lebendig werden lässt. Dann wird er die ganze Welt erleuchten: «Aber wir können diesen Geist in uns aufleben lassen, wir können uns von ihm durchdringen lassen. Und wenn wir ihn wirklich geschaut haben und dann den Blick zurück zur Natur

106 Rudolf Steiner: «Ein wirklicher ‹Jünger› Zarathustras», GA 31, S. 477f.

107 Rudolf Steiner: «Ein wirklicher ‹Jünger› Zarathustras», GA 31, S. 478.

wenden: dann werden wir sehen, dass das Licht, das in unserem Kopfe als Geist aufleuchtet, dasselbe ist wie dasjenige, das die Natur selbst ausstrahlt. Wir blicken in unser Inneres, und der Geist leuchtet darin auf; und unser Auge wird sonnenhaft und blickt in die Natur und sieht in ihr den gleichen Geist» wie in unserem Inneren.[108]

Der moderne Individualismus ist mit anderen Worten ein notwendiger Umweg, um den Geist zu finden: «Wir haben einen Umweg nötig, den die Griechen noch nicht nötig hatten. Wir müssen erst den Geist in uns sehen, um ihn in der Natur wiederzusehen. Die Griechen wussten nichts von dem Geiste im Innern und konnten genug haben mit dem Geiste, der ihnen aus der Natur entgegenleuchtete. Und der Mensch, der den Umweg zu machen versteht, von der Natur zum Geiste und wieder zurück zur Natur: diesen Menschen hat Goethe in seinen besten Jahren geahnt; aus diesem Geiste heraus hat er auf der Höhe seiner Entwickelung als Dichter und Naturforscher geschaffen. Und diesen Geist hat Nietzsche als ‹Übermenschen› verkündet.»[109]

Man beachte, dass Steiner hier nicht nur Goethe, sondern auch Nietzsche die Rolle als Wegbereiter eines Wiedersehens mit dem verlorenen Gott zuweist. Damit wird die Ideengeschichte zu einer dramatischen Intrige in Form der einen Zeitraum von dreitausend Jahren andauernden inneren, psychischen Entwicklung des Menschen. Vor Sokrates und Platon lebte der Mensch in Übereinstimmung mit einer Natur, die von Geist durchwebt war. Diese ursprüngliche Einheit von Mensch, Natur und Geist wurde aufgespalten durch das Selbstbewusstsein des Geistes, das in und mit dem philosophischen Denken entstand. Im ersten Moment des Erlebnisses stand der Geist als etwas Großartiges vor dem Menschen. Aber indem der Mensch sich selbst als Geist erlebte und der Geist damit von der Natur und von dem All abgetrennt wurde, verlor der Geist allmählich seine Kraft und wurde zu einem Schatten seiner selbst, projiziert auf die irdische Höhlenwand.

108 Rudolf Steiner: «Ein wirklicher ‹Jünger› Zarathustras», GA 31, S. 478.
109 Rudolf Steiner: «Ein wirklicher ‹Jünger› Zarathustras», GA 31, S. 478 f.

Selbsterkenntnis als Mysterienerfahrung

Indem die Selbsterkenntnis für Steiner zum entscheidenden Weg wird, der die übersinnliche Dimension des Menschen und der Natur in einer Mysterienerfahrung zugänglich macht, löst sich der Widerspruch zwischen Mystik und Individualismus im Leben und Werk des jungen Steiner auf. Man versteht, warum die *individuelle menschliche Persönlichkeit* in seinem Werk immer wieder auftaucht, oft überraschend und scheinbar forciert. In den *Grundlinien* geht es 1884 darum, wie der Weltengrund oder Gott in die Natur und den Menschen hinein verschwunden ist, dessen Denken nun der Ort ist, an dem der verschwundene Gott sichtbar werden kann. Das kleine Buch legt ein idealistisches und pantheistisches Ganzheitsbild vor, schlägt aber gegen Ende um in einen starken Individualismus, im Rahmen dessen Steiner jedweden Plan oder Zweck in der Geschichte zurückweist und behauptet, der Mensch müsse die Stütze, das Ziel und das Zentrum seines Lebens in sich selbst finden. Der Mensch sei als Wesen, als Persönlichkeit «in sich selbst genug, in sich abgeschlossen, in sich ihre Bestimmung findend»[110], sagt er plötzlich, nachdem er durch das ganze Buch hindurch das Individuum im All verortet hat. Die Logik dieses schroffen Übergangs von Goethe'schem Ganzheitsdenken zu Steiner'schem Individualismus ist, dass wir uns weder auf irgendeine göttliche Macht außerhalb unserer selbst zu stützen brauchen, noch dass wir uns auf sie stützen sollten, allein deshalb, weil diese göttliche Macht *in uns* ist. Es handelt sich insofern um einen ‹Atheismus›, als er die Existenz eines persönlichen Gottes außerhalb der Welt abweist, gleichzeitig handelt es sich aber auch um einen Individualismus, der zwischen Selbsterkenntnis und Gotteserkenntnis ein Gleichheitszeichen setzt.

Steiners Doktorarbeit von 1891 weist das gleiche Argumentationsmuster auf. Die Arbeit selbst diskutiert die Erkenntnistheorien von Kant und Fichte, doch als sie im darauffolgenden Jahr unter dem Titel *Wahrheit und Wissenschaft* in Buchform erscheint, hat Steiner sie sowohl mit einem Vorwort als auch mit einem Nachwort versehen, die beide

110 Rudolf Steiner: *Grundlinien einer Erkenntnistheorie*, GA 2, S. 117.

lautstark das Individuum preisen. Im Vorwort erklärt Steiner den Menschen zum «tätige[n] Mitschöpfer des Weltprozesses», und er ruft «die Erhöhung des Daseinswertes der menschlichen Persönlichkeit» zum «Endziel aller Wissenschaft» aus.[111] Das Nachwort wiederum schließt mit dem Satz: «Das wichtigste Problem alles menschlichen Denkens ist das: *den Menschen als auf sich selbst gegründete, freie Persönlichkeit zu begreifen.*»[112]

In der *Philosophie der Freiheit* wird dieser Individualismus als die Hauptsache der modernen Zeit angesehen. Das erste Kapitel der Ausgabe von 1894 beginnt so:

> «Ich glaube einen Grundzug unseres Zeitalters richtig zu treffen, wenn ich sage: der Kultus des menschlichen Individuums strebt gegenwärtig dahin, Mittelpunkt aller Lebensinteressen zu werden. Mit Energie wird die Überwindung jeder wie immer gearteten Autorität erstrebt. Was gelten soll, muss seinen Ursprung in den Wurzeln der Individualität haben. Abgewiesen wird alles, was die volle Entfaltung der Kräfte des Einzelnen hemmt. ‹Ein jeglicher muss seinen Helden wählen, dem er die Wege zum Olymp hinauf sich nacharbeitet›, gilt nicht mehr für uns. Wir lassen uns keine Ideale aufdrängen; wir sind überzeugt, dass in jedem von uns etwas lebt, das edel ist und wert, zur Entwicklung zu kommen, wenn wir nur tief genug, bis in den Grund unseres Wesens, hinabzusteigen vermögen. Wir glauben nicht mehr daran, dass es einen Normalmenschen gibt, zu dem alle hinstreben sollen.»[113]

Aber es sähe Steiner nicht ähnlich, wäre er für eine Form von Selbstverwirklichung eingetreten, die sich darauf reduzieren ließe, man selbst *zu sein*. Das Individuelle war ihm gerade das, was wir *nicht sind*, sondern *werden* müssen, indem wir hinabsteigen «in den Grund unseres Wesens». Typisch für Steiner ist, dass die hier angesprochene Verwirklichung der tiefsten Eigenheit nicht darauf abzielt, sein ‹eigenes Ding zu machen›, wie es in der Hippiezeit hieß, sondern darauf, «die *Wahrheit* […] aus der Tiefe des menschlichen Wesens schöpfen» zu wollen.[114] Die Wahrheit über den Menschen und die Welt kann nicht länger durch die Offenbarungen der Religionen oder die Experimente der Wissenschaft gefunden

111 Rudolf Steiner: *Wahrheit und Wissenschaft,* GA 3, S. 12f.
112 Rudolf Steiner: *Wahrheit und Wissenschaft,* GA 3, S. 99.
113 Rudolf Steiner: *Dokumente zur «Philosophie der Freiheit»,* GA 4a, S. 245.
114 Rudolf Steiner: *Dokumente zur «Philosophie der Freiheit»,* GA 4a, S. 246.

werden, sondern nur durch die persönliche Erforschung der Tiefen des inneren Lebens. Das hört sich wie eine schamlose und unbegründete Forderung an, aber es entsprach der Logik des jungen Steiner mit seiner Vorstellung, dass der Weltengrund sich in die Natur und die Menschen ausgegossen hatte. Weil das Wesen der Welt unter der Oberfläche der Natur und des Bewusstseins verborgen lag, war der Individualismus die einzige Methode, die die Wahrheit über die Welt hervorbringen konnte: «Wir halten uns jeder berechtigt, von seinen nächsten Erfahrungen, seinen unmittelbaren Erlebnissen auszugehen, und von da aus zur Erkenntnis des ganzen Universums aufzusteigen.»[115]

Es war ein individualistisches Programm, das Steiner erst viele Jahre später in seiner Theosophie und Anthroposophie umsetzte, als es darum ging, dass die persönliche Erkenntnis oder *Einweihung* Einsichten in alle Bereiche eröffnen sollte und er selbst mit einem Beispiel voranging, dem niemand bisher hat folgen können. In der *Philosophie der Freiheit* von 1894 klang dieses Programm anarchistisch und stirnerianisch und hielt zugleich das Versprechen bereit, dass der Schleier von allen Geheimnissen weggezogen werden könne und dass dies gerade durch den extremen Individualismus bzw. durch Selbsterkenntnis möglich sei. Denn Gott und das Wesen der ganzen Welt seien im menschlichen Selbst verborgen, aber in Tiefen, die man normalerweise nicht erforsche – nicht weil es diese Tiefen nicht gäbe, sondern weil man die zu solcher Erforschung nötigen Fähigkeiten nicht entwickelt habe. Die Beobachtung des Wesens der Welt müsse durch «die Entwicklung aller in uns schlummernden Fähigkeiten» geschehen, schrieb Steiner im ersten Kapitel von 1894, eine Formulierung, die nach der Jahrhundertwende in seinem Meditationsbuch *Wie erlangt man Erkenntnisse der höheren Welten?* wiederauftauchte, das mit dem Satz anhob: «Es schlummern in jedem Menschen Fähigkeiten, durch die er sich Erkenntnisse über höhere Welten erwerben kann.»[116]

115 Rudolf Steiner: *Dokumente zur «Philosophie der Freiheit»*, GA 4a, S. 247.

116 Rudolf Steiner: *Dokumente zur «Philosophie der Freiheit»*, GA 4a, S. 250; GA 10, S. 16.

Individualismus und Mystik

Der absolute Höhepunkt des Individualismus in Steiners Werk ist der Essay «Der Egoismus in der Philosophie», der 1899 in einer Anthologie erschienen ist,[117] deren Vorwort auf den Winter 1888/89 datiert, sodass der Essay spätestens im Herbst 1888 geschrieben worden sein muss, vielleicht auch schon früher in diesem Jahr. Es handelt sich um einen der religionskritischsten Texte, die Steiner jemals geschrieben hat. Aber charakteristischerweise zitiert er gleich zu Beginn seines religionskritischen Essays den christlichen Mystiker Angelus Silesius, erkennt dem Mystiker und Theosophen[118] Jakob Böhme einen herausragenden Platz in der Entwicklungsgeschichte der menschlichen Selbsterkenntnis zu und endet in einem zweideutigen Anarchoindividualismus, der eine übersinnliche Dimension zulässt.

Der Essay stellt die Erkenntnis des individuellen *Ich* als das Ziel auf, dem die Entwicklung der Menschheit historisch entgegenstrebt. Steiner individualisiert den Hegel'schen Weltgeist. Die geistige Evolution der Menschheit wird so als Entstehungsprozess des Individuums ausgelegt. Mit Anleihen bei Feuerbach und Stirner schreibt Steiner, dass der Mensch sich in einer frühen religiösen Entwicklungsphase in seiner Vorstellung eine Welt von Göttern schuf, aber glaubte, diese innere Welt

117 Rudolf Steiner: «Der Egoismus in der Philosophie», in: Arthur Dix (Hrsg.): *Der Egoismus*, Leipzig 1899, S. 305–346; für den Abdruck in der Rudolf Steiner Gesamtausgabe wurde der Aufsatz einer späteren Äußerung Steiners folgend umbenannt in «Der Individualismus in der Philosophie» (in: *Methodische Grundlagen der Anthroposophie 1884–1901*, GA 30, 3. Aufl. Dornach 1989, S. 99–152); vgl. dazu auch Rudolf Steiner: *Mein Lebensgang*, GA 28, S. 408.

118 Der Begriff Theosophie hat zwei Bedeutungen. Im allgemeinen Sinne bezeichnet er mystisch-religiöse Strömungen, innerhalb derer die Erkenntnis des Göttlichen durch direkte persönliche Erfahrung und *höhere Schau* zu erreichen versucht wird. Die jüdische Kabbala und Jakob Böhmes christliche Mystik sind als theosophische Richtungen bezeichnet worden. Das Gleiche gilt für den Gnostizismus, den Neuplatonismus und Emanuel Swedenborgs Weltanschauung. In engerem Sinne bezeichnet *Theosophie* die Geistesrichtung und Bewegung, die 1875 von H. P. Blavatsky gegründet und organisatorisch an die Theosophische Gesellschaft geknüpft wurde, deren deutsche Abteilung in den Jahren 1902 bis 1912 von Rudolf Steiner geleitet wurde.

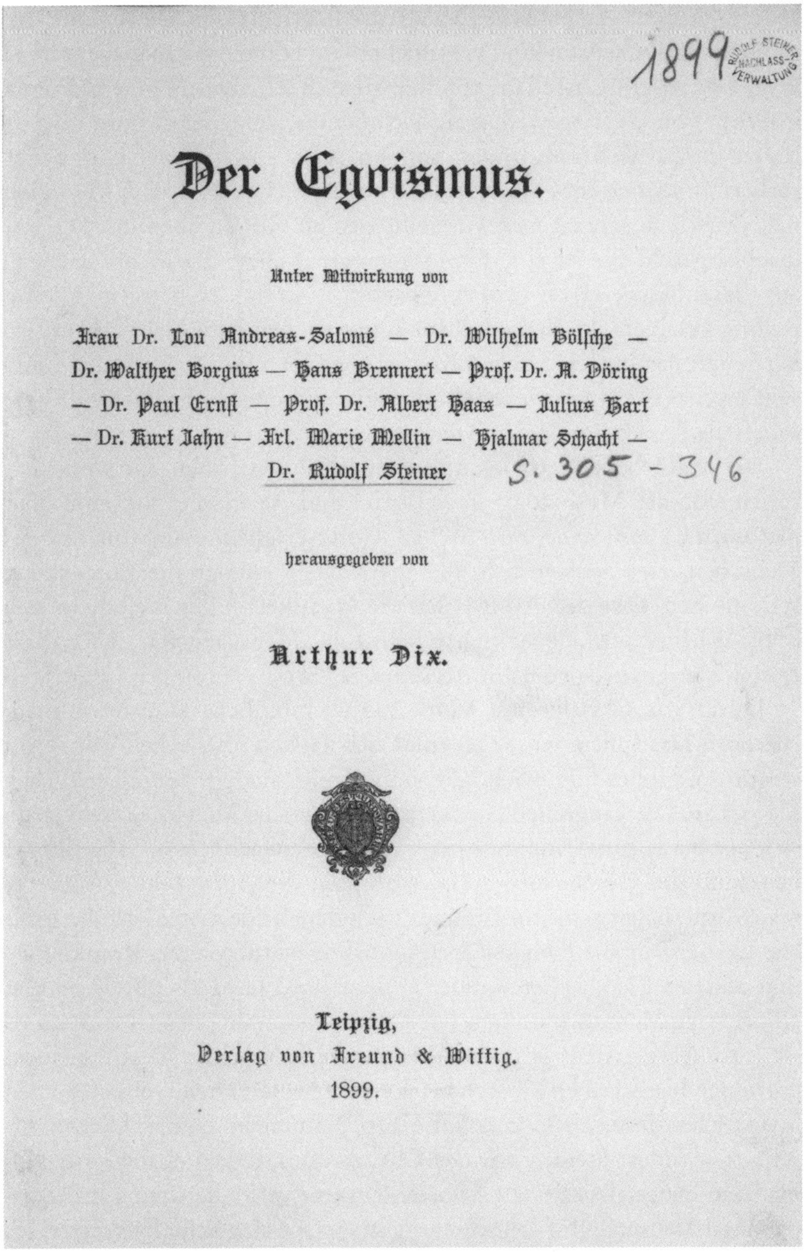

1899

Der Egoismus.

Unter Mitwirkung von

Frau Dr. Lou Andreas-Salomé — Dr. Wilhelm Bölsche — Dr. Walther Borgius — Hans Brennert — Prof. Dr. A. Döring — Dr. Paul Ernst — Prof. Dr. Albert Haas — Julius Hart — Dr. Kurt Jahn — Frl. Marie Mellin — Hjalmar Schacht — Dr. Rudolf Steiner S. 305 - 346

herausgegeben von

Arthur Dix.

Leipzig,
Verlag von Freund & Wittig.
1899.

Arthur Dix: *Der Egoismus,* 1899, Titelblatt des Sammelbandes, in dem Rudolf Steiners Aufsatz «Der Egoismus in der Philosophie» erschienen ist sei ein Teil der Außenwelt. Der Mensch errichtet im Geiste eine mythologische Dimension und verschiebt diese Dimension in die jenseitige Welt. Der religiöse, noch unmündige Mensch schiebt sein inneres Wesen in Form von Gottesgestalten aus sich heraus, denen er sich unterwirft. Indem der Mensch sich vor dem von ihm selbst geschaffenen Gott beugt, verliert er sein eigenes Wesen und versklavt sich selbst. In der Religion machen wir unsere eigenen Vorstellungen zu Herren über uns. Die Philosophiegeschichte ist eine Erzählung vom Kampf des Menschen, sich aus dieser Sklaverei, die er sich selbst zugefügt hat, zu befreien. Die Befreiung geschieht durch die Selbsterkenntnis. Denn die Selbsterkenntnis bereichert das Individuum auf Kosten von Gott: Indem das Individuum sein eigenes Wesen zurückerobert, verschwindet Gott in seiner Eigenschaft als Projektion des Individuums.

Der natürliche Entwicklungsgang des westlichen Geisteslebens führte von der Mythologie über Platon und Aristoteles hin zum Neuplatonismus mit seiner mystischen Gotteserfahrung im Inneren des Menschen. Der nächste Schritt hätte Steiner zufolge die Entdeckung sein müssen, dass der «Gott», den die Mystiker in der Ekstase in sich selbst erlebten, das eigene tiefere Selbst des Menschen war. Aber diese Entwicklung wurde vom Christentum gestört.

Durch das Christentum wurde die übersinnliche Dimension materialisiert. Das Innere wurde zu einer alternativen physischen Welt. Gott wurde ein großes und mächtiges Individuum, analog zum körperlichen Menschen. Das Eingreifen Gottes in das Leben des Menschen stellte man sich als etwas ganz Konkretes vor, das den tatsächlichen Gang des Lebens und der Geschichte veränderte. Auch die Auferstehung sollte etwas Körperliches sein. Im Paradies nach dem Tode setzte sich die leibliche Existenz in alle Ewigkeit fort, nur ohne Naturgesetze, Krankheiten und anderes Elend. Hier wanderten Gott und Jesus als physische und allmächtige Menschen umher. Die Gottesvorstellung des Christentums ist «sinnlich-greifbar[ ]» und «geht so weit, das höchste Wesen in einem einzelnen historischen Menschen zu verehren». Das heißt, man fasst den historischen Jesus als Gottes Sohn auf.[119] In einem eindrücklichen Abschnitt schildert Steiner, wie das Christentum, indem es die innere Dimension materialisierte, die Selbsterkenntnis verhinderte und den europäischen Menschen für Jahrhunderte in einen tiefen Schlaf versetzte, bis er mit einem Mal von dem kopernikanischen Weltbild aufgeweckt wurde:

119 Rudolf Steiner: «Der Egoismus in der Philosophie», in: GA 30, S. 99–152, hier S. 118.

> «Wie dicht die Nebelwolke war, welche das Christentum vor die menschliche Selbsterkenntnis geschoben hat, wird am offenbarsten durch die Tatsache, dass der abendländische Geist [nach dem Sieg des Christentums] überhaupt unfähig wurde, rein aus sich heraus auch nur einen Schritt auf dem Wege zu dieser Selbsterkenntnis zu machen. Er bedurfte eines zwingenden Anstoßes von außen. Er konnte auf dem Grunde der Seele nicht finden, was er so lange in der Außenwelt gesucht hatte. Es wurde ihm aber der Beweis erbracht: diese Außenwelt kann gar nicht so geartet sein, dass er das Wesen, das er suchte, in ihr finden konnte. Dies geschah durch das Aufblühen der Naturwissenschaften im sechzehnten Jahrhundert. Solange der Mensch von der Beschaffenheit der natürlichen Vorgänge nur unvollkommene Vorstellungen hatte, war in der Außenwelt Raum für göttliche Wesenheiten und für das Wirken eines persönlichen, göttlichen Willens. Als aber Kopernikus und Kepler ein natürliches Bild der Welt entwarfen, war für ein christliches kein Platz mehr vorhanden. Und als Galilei die Fundamente zu einer Erklärung der natürlichen Vorgänge durch *Naturgesetze* legte, musste der Glaube an die *göttlichen Gesetze* ins Wanken kommen. Nun musste man das Wesen, das der Mensch als das höchste anerkennt und das ihm aus der Außenwelt herausgedrängt wurde, auf einem neuen Wege suchen.»[120]

Damit kommen wir noch mal auf die Mystik zurück. Wir sind dem «Atheisten» Steiner nun bis auf den höchsten Gipfel seiner Gottesverleugnung gefolgt, und während wir innehalten, um Überblick über den Ort zu bekommen, an den wir gelangt sind, sehen wir, dass wir in einer Krypta, im Innersten des Mysteriums stehen. Denn nachdem die Naturwissenschaft im 17. Jahrhundert zu einer metaphysischen Entvölkerung geführt hat, nachdem alle Götter, Geister, Engel und Dämonen aus den sinnlich erfahrbaren Regionen des Universums vertrieben worden sind, muss alles Göttliche an der einzigen Stelle in der Welt gesucht werden, an der sich noch etwas Geistiges finden lässt, nämlich im menschlichen Inneren oder genauer: im Ich. Als Fahnenträger dieses neuen Wegs der Selbsterkenntnis wählt Steiner einen christlichen Mystiker. Es muss die Ironie der Ideengeschichte sein, die dafür gesorgt hat, dass der Mystiker Jakob Böhme, der Thema von Jan-Erik Ebbestad Hansens Doktorarbeit war, bei Steiner just in dem Augenblick auftaucht, in dem er den Höhepunkt des Atheismus und Naturalismus erreicht, den Ebbestad Hansen ihm zuschreibt. Steiner streift in «Der Egoismus in der Philosophie»

120 Rudolf Steiner: «Der Egoismus in der Philosophie», GA 30, S. 120.

das ab, was er als entäußerte, materialisierte Geistigkeit des populären Christentums ansieht, indem er den christlichen Mystiker Jakob Böhme als modernen Repräsentanten der Suche des Menschen nach Selbsterkenntnis einführt: «Jacob Böhme [...] hat eingesehen, dass es im Weltenraume nirgends einen Platz für den Himmel gibt; deshalb wird er Mystiker. Er sucht den Himmel im Innern des Menschen.»[121]

Mitten in seiner Stirner-Phase liest Steiner Jakob Böhme und Angelus Silesius und erkennt ihnen eine zentrale Rolle in dem historischen Drama der Selbsterkenntnis zu. Er fasst das Christentum als psychologisches Hindernis für die Entstehung der menschlichen Selbsterkenntnis auf, zugleich aber ist «Der Egoismus in der Philosophie» durchzogen von Anerkennung der nach innen gewandten Suche des christlichen Mystikers. Ziel der zivilisatorischen Entwicklung, und damit auch des dem Menschen innewohnenden Geistes, ist die wahre menschliche Selbsterkenntnis, und um dorthin zu gelangen, muss der Mensch sich selbst verstehen. Die christlichen Mystiker waren Steiner zufolge auf dem richtigen Weg, so wie vor ihnen bereits die Neuplatoniker. In Steiners Augen haben die ekstatische Mysterienerfahrung des Neuplatonikers und diejenige des christlichen Mystikers die gleiche Erklärung: Beide wenden sich nach innen, um Gott zu erfahren; in der Vertiefung erfahren sie ihr eigenes menschliches Wesen, aber sie deuten ihre Erfahrung jeweils falsch. Plotins großes Verdienst war es, mit der Tendenz zu brechen, den Inhalt des Menschengeistes an einen Ort außerhalb des Menschen und der Welt zu verlagern, er wollte vielmehr seine Erkenntniskräfte stärken, sodass er das Wesen der Welt in sich selbst schauen konnte:

> «Eine Art von Mystik ist diese Lehre. Es liegt ihr das Wahre zugrunde, das sich in jeder Mystik findet. Die Versenkung in das eigene Innere liefert die tiefste menschliche Weisheit. Aber zu dieser Versenkung muss sich der Mensch erst erziehen. Er muss sich gewöhnen, eine Wirklichkeit zu schauen, die frei von alledem ist, was uns die Sinne überliefern. Menschen, die ihre Erkenntniskräfte bis zu dieser Höhe gebracht haben, sprechen von einem *inneren Licht,* das ihnen aufgegangen ist. Jacob Böhme, der christliche Mystiker des siebzehnten Jahrhunderts, betrachtete sich als einen solch innerlich Erleuchteten. Er sieht *in sich* das Reich, das er als das höchste dem Menschen erkennbare bezeichnen muss. Er sagt: ‹Im menschlichen Gemüte liegt die Signatur ganz künstlich zugerichtet, nach dem Wesen aller Wesen.›

121 Rudolf Steiner: «Der Egoismus in der Philosophie», GA 30, S. 121.

> Das Anschauen der menschlichen Innenwelt setzt der Neuplatonismus an die Stelle der Spekulation über eine jenseitige Außenwelt. Dabei tritt die höchst charakteristische Erscheinung auf, dass der Neuplatoniker sein eigenes Inneres für ein Fremdes ansieht. Bis zur Erkenntnis des Ortes, an dem das letzte Glied der Welt zu suchen ist, hat man es gebracht; was an diesem Orte sich vorfindet, hat man falsch gedeutet. Der Neuplatoniker beschreibt deshalb die inneren Erlebnisse seiner Ekstase, wie Plato die Wesen seiner übersinnlichen Welt beschreibt.»[122]

Durch meditative Übung seiner Erkenntniskräfte, so Steiner, bringt sich der Mystiker bei, «eine Wirklichkeit zu schauen, die frei von alledem ist, was uns die Sinne überliefern», und erlebt das innere Licht, geistige Erleuchtung. Die Mystiker glaubten, sie hätten Gott gefunden, aber in Wirklichkeit erlebten sie nur die Tiefen des menschlichen Wesens: Sie hätten «an dem rechten Orte die unrechten Wesenheiten» gefunden. Damit erkennt Steiner die Mysterienerfahrung als solche an, lehnt aber deren Interpretation durch die Mystiker ab.

In einer *tour de force* spielt «Der Egoismus in der Philosophie» die Idee durch, die mystisch-religiöse Erfahrung sei stellvertretende Selbsterkenntnis. Dadurch wird die Selbsterkenntnis zur Mysterienerfahrung und zur inneren Erleuchtung. Indem dieser Gedanke sein Ziel erreicht und sich am Schluss des Essays als Max Stirners Nihilismus herauskristallisiert, stellt der Essay den individualistischen Anarchismus mit seinen politischen Implikationen als das höchste Ziel der ganzen abendländischen Kulturentwicklung dar. Aber an diesem Punkt bricht der Essay formal zusammen. Er geht ganz konkret zu Bruch: durch eine künstliche und in sich selbst widersprüchliche Hinzufügung. Sowohl formal als auch inhaltlich musste dieser Essay – das war seine streng logische Konsequenz – in eben die politischen Folgerungen münden, die Steiner aus Stirners Individualismus zog. *Denn bei Stirner ist die Selbsterkenntnis erreicht.* Das introvertierte philosophische Projekt der Menschheit ist deshalb mit dem befreiten, tatsächlichen, körperlichen Individuum vollendet, folgerichtig verlangt aber die Befreiung des Körpers ein extrovertiertes politisches Befreiungsprojekt, so wie Hegel in Marx überging. Aber während Marx die Menschen mithilfe einer durch und durch regulierten Gesellschaft als Übergang in das kommunistische Paradies befreien wollte, wollten Stirner und Steiner alle gesellschaftliche Regulierung entfernen:

122 Rudolf Steiner: «Der Egoismus in der Philosophie», GA 30, S. 117.

«Diesem souveränen Individuum gegenüber sind alle staatlichen, gesellschaftlichen, kirchlichen Organisationen eine Fessel. Denn alle Organisationen setzen voraus, dass das Individuum so oder so sein müsse, damit es sich in die Gemeinschaft eingliedern lasse. Aber das Individuum will sich nicht von der Gemeinschaft bestimmen lassen, wie es sein soll [...]. Sich selbst genügen kann der Einzelne nicht in einer organisierten Gemeinschaft, sondern nur in dem freien *Verkehr* oder *Verein.* Dieser kennt keine als Macht über den Einzelnen gesetzte gesellschaftliche Struktur. [...] Einen Gesamtwillen repräsentiert niemand und nichts. Stirner will nicht, dass die Gesellschaft für den Einzelnen sorgt, seine Rechte schützt, sein Wohl fördert und so weiter. Wenn von den Menschen die Organisation genommen ist, dann regelt sich ihr Verkehr von selbst. [...] Lasset dem Verkehr seine völlige Freiheit, und er schafft unbeschränkt jene Gegenseitigkeit, die ihr durch eine Gemeinschaft doch nur beschränkt herstellen könnt. [...] Der Weg, auf dem Stirner zu seiner Anschauung des Einzelnen gelangt ist, kann als universale Kritik aller das Ich unterdrückenden allgemeinen Mächte bezeichnet werden. Die Kirchen, die politischen Systeme (der politische Liberalismus, der soziale Liberalismus, der humane Liberalismus), die Philosophien, sie alle haben solche allgemeine Mächte über den Einzelnen gesetzt. Der politische Liberalismus fixiert den ‹guten Bürger›, der soziale Liberalismus den an Gemeinbesitz mit allen andern gleichen Arbeiter, der humane Liberalismus den ‹Menschen als Menschen›. Indem er alle diese Mächte zerstört, richtet Stirner auf den Trümmern die Souveränität des Einzelnen auf.»[123]

Die anarchoindividualistische Vision des souveränen Einzelmenschen, der aus den Trümmern einer ganzen Zivilisation aufersteht, macht den «Egoismus in der Philosophie» zu einem revolutionären politischen Manifest. Aber das Manifest hat einen seine Sprengkraft aufhebenden Zusatz. Vielleicht legte Steiner den Stift nach einer Kraftentladung nieder, die wenige Tage gedauert hatte, und schloss wie in dem oben stehenden Zitat ab. Formal endet der Essay hier. Vielleicht fügte Steiner den aufgesetzt wirkenden Schluss während des Korrekturlesens hinzu. Vielleicht beunruhigten ihn die Gewalt und Einseitigkeit seines Essays, sodass er in letzter Sekunde halbherzige Vorbehalte hinzufügte, die den Text formal zerstören und seine Schlussfolgerungen inhaltlich relativieren. Der Zusatz beginnt so: «Dies ist Stirners Weg. Man kann auch einen andern gehen, um zur Natur des Ich zu gelangen.»[124]

123 Rudolf Steiner: «Der Egoismus in der Philosophie», GA 30, S. 145–147.
124 Rudolf Steiner: «Der Egoismus in der Philosophie», GA 30, S. 148.

Damit verwies Steiner auf seine *Philosophie der Freiheit*, um dem Leser zu sagen, wie alles *eigentlich* zu verstehen sei. Damit nahm er Stirners extremem Individualismus die Spitze, der immerzu in den Nihilismus überzuschlagen drohte. Selbst wenn Steiner später in einem Zusatz in Klammern sagte, dass der Inhalt der *Philosophie der Freiheit* gedanklich mit Benjamin R. Tuckers und John Henry Mackays Anarchismus übereinstimme, und sich dadurch wieder mit Stirner identifizierte, bevor er zur Sicherheit auch noch Nietzsche hinzuzog, der die Schuld dafür bekam, in *Also sprach Zarathustra* das freie Individuum in Form des «Übermenschen» dargestellt zu haben, so gewann Steiner doch mit dem Verweis auf *Die Philosophie der Freiheit* die Oberhand sowohl über Stirner als auch über Nietzsche. Es waren *sie*, die gemäß der Prämissen der *Philosophie der Freiheit* verstanden werden sollten, nicht umgekehrt.

Die Philosophie der Freiheit als Deutungsschlüssel

Es handelt sich um einen Kniff, den Steiner seit dem Erscheinen von *Die Philosophie der Freiheit* immer wieder angewandt hat. In seinem Buch über Nietzsche aus dem Jahre 1895 deutete er viele von Nietzsches Grundbegriffen so um, dass sie mit seiner eigenen Philosophie übereinstimmten. Nietzsches Unterscheidung zwischen «starken» und «schwachen» Menschen oder «Herren» und «Sklaven» las er als Ausdruck für die Unabhängigkeit der Persönlichkeit oder die Untertänigkeit gegenüber Denk- und Moralsystemen und nicht als Machtverhältnis zwischen Menschengruppen in einem gesellschaftlichen Zusammenhang. Schwachheit meint demnach eine unselbstständige Persönlichkeit, die ihre Weltanschauung und Lebensweise gerne von äußeren Mächten wie Religion und Wissenschaft diktiert bekommen möchte; Stärke meint eine Persönlichkeit, die mündig geworden ist und sich nicht religiösen Offenbarungen oder wissenschaftlichen Fakten unterwirft, sondern sich ihr Weltbild durch eigene Erfahrung und eigenes Denken bildet. Mithilfe dieser Definitionen von Nietzsches Begriffen verschmolz Steiner die nietzscheanische Typologie mit seiner eigenen Philosophie. Die Fähigkeit, das innerste Wesen der Welt durch das Erleben der Idee zu begreifen – das, was Goethe die «sehende Vernunft» genannt hatte und was für Steiner bislang ganz einfach der vollzogene Erkenntnisprozess gewesen war –, wurde nun direkt mit den Persönlichkeitstypen verknüpft: «Der Starke, der Gesunde, der entwickelte und taugliche Sinne hat, um die Gründe dieser Welt in ihr selber aufzusuchen, der bedarf zur Erklärung der Erscheinungen, innerhalb derer er lebt, keiner jenseitigen Gründe und Wesenheiten. Der Schwache, der mit verkrüppelten Augen und Ohren die Wirklichkeit wahrnimmt, der braucht Ursachen hinter den Erscheinungen.»[125]

Dies war Nietzsche, erklärt mit Steiners Philosophie, oder Steiners Philosophie, nietzscheanisch ausgedrückt. Dualistische Denkrichtungen wie Platonismus, Christentum und Kantianismus beschrieb er als

125 Rudolf Steiner: *Friedrich Nietzsche,* GA 5, S. 28.

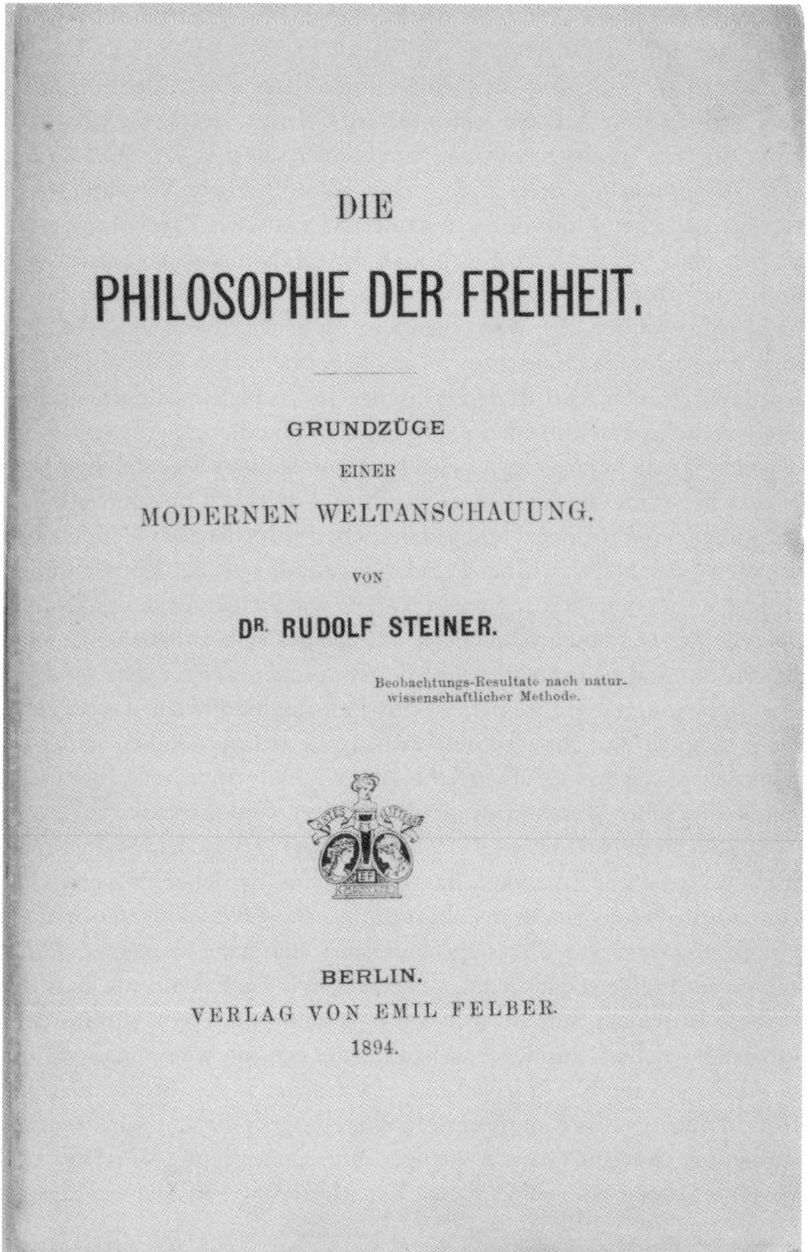
DIE

PHILOSOPHIE DER FREIHEIT.

GRUNDZÜGE

EINER

MODERNEN WELTANSCHAUUNG.

VON

DR. RUDOLF STEINER.

Beobachtungs-Resultate nach naturwissenschaftlicher Methode.

BERLIN.

VERLAG VON EMIL FELBER.

1894.

Rudolf Steiner: *Die Philosophie der Freiheit,* 1894, ausgeliefert im November 1893, Titelblatt der Erstausgabe

geboren aus «dem Leiden und der kranken Sehnsucht» bei schwachen Menschen mit «Unvermögen, die wirkliche Welt zu durchschauen», die wegen ihrer Schwachheit eine dahinterliegende Dimension erfinden, während die Starken sich «wegen Grenzen des Erkennens [...] keine Sorgen» machten, genauso wie Steiner selbst in *Die Philosophie der Freiheit* solche Grenzen abgelehnt hatte.[126] Diese Verschmelzung von Steiner'scher Philosophie mit nietzscheanischer Psychologie ging so weit, dass Steiners ganze Kritik an der mechanistischen Sinneslehre mit dem «schwachen Intellekt» der Mechanisten erklärt wurde, die es nicht selbst wagten, der Welt einen Sinn zu geben, sondern diesen Sinn in eine unsichtbare Dimension verschoben. Nietzsches Wille zur Macht wurde direkt übersetzt in den ethischen Individualismus der «allseitig entwickelte[n] Persönlichkeit», die alle ihre Handlungskraft aus ihrem «eigenen Wesen heraus» holt, genauso wie in Steiners Moralphilosophie. Nietzsches «dionysischer Geist» wurde zur «wirklich freien Persönlichkeit» mit dem «Vermögen, rein gedankliche Triebfedern des Handelns zu schaffen», das heißt zu einer Persönlichkeit, die auf der Entwicklungsstufe der Individualität angelangt war, so wie Steiner sie in der *Philosophie der Freiheit* beschrieben hatte. Nietzsches «Übermenschen» identifizierte er mit der «Individualität» der *Philosophie der Freiheit*. Und wo Nietzsche so stark von Steiners eigener Philosophie abwich, dass es nicht mehr möglich war, ihn auf Steiners Seite zu ziehen, nämlich in der Instinktlehre, zog Steiner einen Schlussstrich und meinte, dass Nietzsche mit Steiner'scher Moralphilosophie verbessert werden müsse.[127]

In seinem Buch *Goethes Weltanschauung* (1897), in dem Steiner Goethes Denken dafür kritisierte, dass das Erlebnis des Ich fehle, verwies er – das wurde bereits erwähnt – abermals auf *Die Philosophie der Freiheit*, um zu erklären, was dieses Erlebnis war: «Ich habe in meiner ‹Philosophie der Freiheit› darzustellen versucht, wie die Erkenntnis, dass der Mensch in seinem Tun auf sich selbst gestellt ist, hervorgeht aus dem innersten Erlebnis, aus der Anschauung der eigenen Wesenheit.»[128]

Auch das Pamphlet *Haeckel und seine Gegner*, in dem Steiner Haeckel 1899 in dem großen Kampf um Haeckels Angriff auf das Christentum verteidigte, war im Grunde weniger eine Verteidigung von Haeckels Weltanschauung als vielmehr eine Rechtfertigung von Steiners eigener

---

126 Rudolf Steiner: *Friedrich Nietzsche*, GA 5, S. 28 und 31.

127 Rudolf Steiner: *Friedrich Nietzsche*, GA 5, S. 25 und 91. Vgl. dazu ausführlich Kaj Skagen: *Morgen ved midnatt*, S. 601–607.

128 Rudolf Steiner: *Goethes Weltanschauung*, GA 6, S. 94.

Philosophie der Freiheit. Wie gesagt hatte Steiner früher behauptet, dass sowohl Stirner als auch Nietzsche sich am besten durch die Optik der *Philosophie der Freiheit* verstehen ließen – beide hätten danach gestrebt, die bei Steiner vorgebrachten Einsichten zu formulieren, und teilweise sei ihnen dies auch auf ihre eigene Weise gelungen. 1899 behauptete er genau das Gleiche über Haeckel:

> «Von meiner vor fünf Jahren veröffentlichten ‹Philosophie der Freiheit› habe ich die Überzeugung, dass sie das Bild einer Weltanschauung gibt, die mit den gewaltigen Ergebnissen der Naturwissenschaften unserer Zeit in vollem Einklang steht. Ich bin mir bewusst, daß ich diesen Einklang nicht absichtlich herbeigeführt habe. Mein Weg war ganz unabhängig von dem, welchen die Naturwissenschaft einschlägt.
> Aus dieser Unabhängigkeit meiner Vorstellungsart von dem herrschenden Wissensgebiet unserer Tage und aus der gleichzeitigen völligen Übereinstimmung mit demselben glaube ich die Berechtigung herleiten zu dürfen, die Stellung des monumentalsten Vertreters der naturwissenschaftlichen Denkweise, *Ernst Haeckels*, innerhalb des Geisteskampfes unserer Zeit darzustellen.»[129]

Auf diesen Gedankengang kommt Steiner im Schlusskapitel von *Welt- und Lebensanschauungen im neunzehnten Jahrhundert* (1900/01) zurück. Hier legt er den Schwerpunkt darauf, zu zeigen, dass das Selbstbewusstsein des Menschen ein Knotenpunkt der Evolution sei, von dem aus der Naturprozess in Form von freien menschlichen Gedanken und Handlungen weitergeführt werde. Keine Stufe der Evolution determiniere die Anlagen auf der jeweils nächsten Stufe. Jeglicher Fortschritt sei eine *Neubildung,* die auf die gleiche Weise entstehe wie jede neue Art innerhalb der Entwicklung der Arten: ohne Voraussetzungen in der vorhergehenden. So verstand Steiner die Evolutionslehre. Er benutzte Darwin und Haeckel, um den individuellen Menschengeist als ein absolut freies Wesen zu begründen, bar jeglicher göttlicher oder biologischer Vorgaben. Um sich zu vergewissern, dass er gemäß seinen eigenen Prämissen verstanden würde, stand auf der vorletzten Seite des Buches nochmals ein Verweis auf *Die Philosophie der Freiheit*, gefolgt von einer Zusammenfassung seiner Erkenntnistheorie, so wie sie in der *Philosophie der Freiheit* vorliegen sollte: «Wenn ich mit meinen Gedanken die Dinge durchdringe, so füge ich also ein seinem Wesen nach in mir Er-

129 Rudolf Steiner: *Haeckel und seine Gegner,* GA 30, S. 152.

lebtes zu den Dingen hinzu. Das Wesen der Dinge kommt mir nicht aus ihnen, sondern ich füge es zu ihnen hinzu. Ich *erschaffe* eine Ideenwelt, die mir als das Wesen der Dinge gilt. Die Dinge erhalten durch mich ihr Wesen. Es ist also unmöglich, nach dem Wesen des Seins zu fragen. Im Erkennen der Ideen enthüllt sich mir gar nichts, was in den Dingen einen Bestand hat. *Die Ideenwelt ist mein Erlebnis.* Sie ist in keiner anderen Form vorhanden als in der von mir erlebten.»[130]

Diese Aussage ist ein Sonderfall von Steiners grundlegender Erkenntnisvorstellung, wie sie in der *Philosophie der Freiheit* dargestellt wird, wie sie sich aber unverändert auch in seinem übrigen Werk findet, gleich von seiner ersten Publikation an, der Einleitung zum ersten Band von Goethes naturwissenschaftlichen Schriften von 1884, geschrieben im Jahr zuvor, als Steiner gerade mal zweiundzwanzig Jahre alt war. Hier hieß es, wenn man versuche, sich den Gedanken von Goethes Metamorphosenlehre «im Geiste lebendig zu machen», verstehe man, «dass er die in die *Idee* übersetzte Natur der Pflanze selbst ist, die in unserem Geiste ebenso lebt wie im Objekt».[131] Dies ist bei Steiner ein früher Ausdruck der Auffassung, dass auf einer bestimmten Erkenntnisstufe Identität herrscht zwischen der Erkenntnis und dem, was erkannt wird. Verwandte Erkenntnisvorstellungen finden sich unter anderem in Schellings Identitätslehre, die die schlafende Natur im Menschen zu Bewusstheit erwachen lässt, bei Hegel, der die Ideen als das innerste Wesen der Natur betrachtet, im Begriffsrealismus der Scholastik und in der antiken Logoslehre von Pythagoras bis zu den Stoikern.[132]

Dem jungen Steiner zufolge beginnt alle Erkenntnis mit der Konfrontation des Menschen mit einer gespaltenen Wirklichkeit: Ein jegliches Phänomen und ein jegliches Weltgeschehen ist für das menschliche Bewusstsein in zwei aufgespalten, nämlich in sein äußeres Auftreten in Zeit und Raum und in seine innere Gesetzmäßigkeit oder sein inneres Wesen. Diese zwei Seiten der Wirklichkeit erfassen wir mit zwei verschiedenen Auffassungsorganen. Die Außenseite des Phänomens, sein

130 Rudolf Steiner: *Welt- und Lebensanschauungen im neunzehnten Jahrhundert,* Bd. 2, S. 188 f.

131 Rudolf Steiner: *Einleitungen zu Goethes Naturwissenschaftlichen Schriften,* GA 1, S. 12 f.

132 Siehe Marian Hillar: *From Logos to Trinity. The Evolution of Religious Beliefs from Pythagoras to Tertullian,* New York 2012, S. 6–34. Eine Darstellung der Ideengeschichte dieser Auffassung findet sich in Helge Salemonsens *Tenkningen som erfaring. Den moderne intellektualitet og menneskets eksistens,* Oslo 1985, S. 17–33.

sinnlich erfahrbares Auftreten, beobachten wir mit unseren physischen Sinnen; die innere Gesetzmäßigkeit des Phänomens, sein Wesen, die Ideen oder Begriffe, erfassen wir mit dem intuitiven Denken. Die innere Gesetzmäßigkeit der Dinge zu begreifen, bedeutet, dass wir in geistigem oder gedanklichem Sinne *in den* Dingen *drin* sind oder dass die Dinge *in uns* sind. Wir kopieren nicht ein Ding, das außerhalb von uns ist, sondern wir erleben das Wesen des Dinges in uns. Beim jungen Steiner bedeutet dies, dass das Erlebnis der Innenseite oder des Wesens des Dinges das Gleiche ist, als wäre dieses Wesen tatsächlich in Form der Idee *in dem erkennenden Geist* enthalten. Das Wesen ist meine Idee, man könnte auch sagen: Idee und Wesen sind identisch.

Wenn es aber eine solche Identität gibt, dann müssen *sowohl* die menschliche Selbsterkenntnis *als auch* die beobachtende Naturwissenschaft zum Erlebnis des *Wesens der Welt* führen. Deshalb spricht Steiner auch sein ganzes Werk hindurch über Selbsterkenntnis und Naturwissenschaft, als ob es sich um verschiedene Formen von Mystik handeln würde. In den *Grundlinien* war 1886 die Rede davon, dass der Geist, um Goethes Naturwissenschaft zu begreifen, ein Niveau erreichen müsse, auf dem er «anschauend» wird. Dieses Niveau nannte Steiner «Intuition», eine Fähigkeit, die er fast als einen Zustand beschrieb, als ein «unmittelbares Innesein, ein Eindringen in die Wahrheit».[133] In *Welt- und Lebensanschauungen* schrieb er 1900: «Der Kern der Natur liegt im Innern des Menschen.»[134]

Diese Einheit von Natur und Geist, von dem Wesen des Dinges und der Idee des Menschen davon müssen wir als eine verborgene Wahrheit verstehen, die sich dem menschlichen Erleben offenbart, indem die Erkenntnis durch Kontemplation vertieft wird, sei es durch Kontemplation über die Naturphänomene wie in Goethes Fall, sei es durch Kontemplation über das innere Menschenwesen wie im Falle der Mystiker. Beide Wege scheinen an denselben Ort zu führen – aber nur durch Überschreitung des gewöhnlichen Bewusstseins, das in der Trennung von Subjekt und Objekt, Idee und Ding stehen geblieben ist. Wenn diese Trennung durch inneren Einsatz überwunden wird, ist es nicht länger die Idee *von* etwas, sondern das Ding selbst, das als Idee im Bewusstsein auftritt. Wie oben bereits erwähnt, stellte Steiner dies in der Einleitung zum zweiten Band von Goethes naturwissenschaftlichen Schriften 1887 auf folgende

133 Rudolf Steiner: *Grundlinien einer Erkenntnistheorie*, GA 2, S. 113.

134 Rudolf Steiner: *Welt- und Lebensanschauungen im neunzehnten Jahrhundert*, Bd. 1, S. 70.

Weise dar: «Indem sich das Denken der Idee bemächtigt, verschmilzt es mit dem Urgrunde des Weltendaseins; das, was außen wirkt, tritt in den Geist des Menschen ein: er wird mit der objektiven Wirklichkeit auf ihrer höchsten Potenz *eins. Das Gewahrwerden der Idee in der Wirklichkeit ist die wahre Kommunion des Menschen.*»[135]

Diese Erkenntnislehre ist mit dem verknüpft, was Goethe als Formel der Polarität bezeichnet, nämlich mit der Idee, dass die Phänomene in Zeit und Raum eintreten, indem sie sich in Gegensätze aufspalten, die von der Erkenntnis erfasst werden, indem sie diese Gegensätze zu etwas Drittem oder «Höherem» zusammenführt. Das Denken, das dem Prinzip der Polarität zufolge den Menschen erst von der Welt trennt, das Subjekt vom Objekt, das Individuum vom All, soll durch Intensivierung die verlorene Einheit oder Ganzheit restituieren.

Diese Erkenntnistheorie operiert mit esoterischen Ebenen oder Bildungsstufen über dem Alltagsbewusstsein. In diesem Sinne kann man die Erkenntnis als einen stufenweisen Aufstieg zu einer höheren oder esoterischen Einsicht in das innerste Wesen der Welt verstehen, bei dem die Einsicht aufgefasst wird als Einheit von Ich und Welt, von einem *Ich*, das ein Teil des Weltalls ist, und einer Welt, die mit *Gott* identifiziert wird. Beim jungen Steiner ist die höchste Ebene der Erkenntnis eine Mysterienerfahrung, die dadurch gekennzeichnet ist, dass das gewöhnliche Wissen intensiviert wird zu einer außergewöhnlichen, übersinnlichen *Schau*, nicht im Sinne einer Halluzination oder Vision, sondern als *anschauende Urteilskraft*, mit deren Hilfe Goethe die Innenseite der Natur erfassen konnte.[136] Diese *anschauende Urteilskraft* hat beim jungen Steiner viele Namen. Mit Bezug auf Spinozas Bewusstseinslehre nennt er sie *intuitive Bewusstheit*, oder ganz einfach *Vernunft* im Gegensatz zu *Verstand*. Eine ihrer wichtigsten Eigenschaften ist, dass sie nicht etwas anderes als der gewöhnliche Erkenntnisprozess ist, sondern eine Vertiefung desselben.

Die Idee einer Verstärkung des Erkenntnisprozesses oder einer Vertiefung des Denkens zur Schau, zur geistigen Sicht tritt bei Steiner in den 1890er-Jahren in rhetorisch geglätteter Form auf als in den 1880er-Jahren. Nichtsdestotrotz ist sie leicht wiederzuerkennen: etwa in seiner Doktorarbeit *Wahrheit und Wissenschaft* (1891), wo es heißt, dass «sich

135 Rudolf Steiner: *Einleitungen zu Goethes Naturwissenschaftlichen Schriften*, GA 1, S. 126.

136 Zu Goethes Bezeichnung *Anschauende Urteilskraft* siehe Kaj Skagen: *Morgen ved midnatt,* S. 223–228.

in unserem Wissen der innerste Kern der Welt auslebt», oder in seinem Hauptwerk *Die Philosophie der Freiheit* (1894), in dessen Einleitung Steiner allen Menschen die Möglichkeit zugesteht, «zur Erkenntnis des ganzen Universums aufzusteigen», und davon spricht, dass der Mensch das «gemeinsame Urwesen», das alle Menschen durchdringe, «in seinem Denken» ergreife.[137] In dieser Zeit verbirgt sich Steiners Mystik in der idealistischen Auffassung des Denkens als Tragkraft der ganzen Welt, ein kosmisches Grundelement, mit dem sich der Mensch durch Selbstbeobachtung verbinden kann. Auf einer niedrigeren Stufe gewährleistet diese Einheit zwischen dem Denken in mir selbst und dem Denken in sich selbst die Möglichkeit der Vernunft, zu wahrer Einsicht in die Natur oder die Welt zu gelangen; auf einer höheren Stufe ist die gleiche Einheit mystischer Art. Für Steiner führt deshalb eine zusammenhängende Leiter von der einfachsten Erkenntnisaktivität zu der avanciertesten, die eine Mysterienerfahrung ist, die die Welt von innen heraus erleuchtet. Diese innere Verbindung zwischen der Erkenntnistheorie des jungen Steiner und der Mystik, die in den 1880er-Jahren in idealistisch-pantheistischer Sprache klar und deutlich zum Ausdruck kam und in den 1890er-Jahren in eine gemäßigtere, philosophische Sprache verpackt wurde, legte Steiner in *Die Mystik im Aufgange des neuzeitlichen Geisteslebens* von 1901 selbst dar. In diesem Buch stellte er die deutsche Mystik[138] von Meister Eckhart und Nicolaus Cusanus bis zu Jakob Böhme und Angelus Silesius als eine frühe Version seiner eigenen *Philosophie der Freiheit* dar und präsentierte damit seine eigene Erkenntnistheorie gleichsam als eine modernisierte Ausgabe der Mystik.

137 Rudolf Steiner: *Wahrheit und Wissenschaft,* GA 3, S. 97; GA 4a, S. 247, 201.

138 Der Begriff *deutsche Mystik* bezeichnet eine Reihe von christlichen Mystikern in der deutschen Kultur. Diese Reihe erstreckt sich von Meister Eckhart (1250–1327) bis Angelus Silesius (1624–1677) und umfasst unter anderem Johannes Tauler, Nicolaus Cusanus und Jakob Böhme. Rudolf Steiner behandelt diese Mystiker in seinem Buch *Die Mystik* aus dem Jahre 1901.

Erkenntnistheorie und Mystik

Die Mystik im Aufgange des neuzeitlichen Geisteslebens und ihr Verhältnis zu modernen Weltanschauungen ist eine Neufassung von Steiners idealistischer Erkenntnislehre, mystisch vertieft. Den Hauptzügen dieser Erkenntnislehre zufolge sorgt die menschliche Auffassungsorganisation dafür, dass alle Dinge der Wirklichkeit entzweigebrochen werden, sodass die Dinge sozusagen von zwei Seiten zum Menschen kommen – von außen als Sinneseindruck und von innen als Idee. Sie werden wiedervereint auf der Stufe der Erkenntnis, auf der der Mensch einsieht, dass die adäquate innere Idee, die mit der Wahrnehmung des Dinges entwickelt wird, mit dem Wesen des Dinges identisch ist. Dieser Erkenntnisprozess wird als ein Passionsdrama dargestellt, beleuchtet von Meister Eckharts Mystik. Die Sinneserfahrung der Dinge ist zu etwas geworden, das das Geistige an ihnen auslöscht, während die Hinzufügung der Idee durch die Erkenntnis das wiederaufleben lässt, was die Sinne ausgelöscht haben, als Wiederauferstehung oder Wiedergeburt: «Ganz durchglüht von der Empfindung, dass im Geiste des Menschen die Dinge als höhere Wesenheiten wiedergeboren werden, ist die Vorstellungswelt des *Meister Eckhart.*»[139]

Dass die Dinge im menschlichen Geist als höhere Wesenheiten wiedergeboren werden, bedeutet, dass sie zunächst in einem gewissen Sinne sterben bzw. dass sie, wie oben beschrieben, durch den Sinneseindruck für uns ihre Ganzheit verlieren, um sodann wiederaufzuerstehen, indem sie ihren höheren Teil zurückbekommen, ihre Idee oder ihr Wesen. Dies geschieht in der Erkenntnis, wo das ursprünglich vollständige und vereinte Ding, das durch die menschliche Sinnesorganisation entzweit wurde, als Ganzheit wiederaufersteht. Ein eindrückliches Beispiel dafür, wie Steiner im Buch *Die Mystik im Aufgange des neuzeitlichen Geisteslebens* die Mystiker seine eigene Philosophie deuten lässt, findet sich in einem Abschnitt, der beginnt: «Vom Standpunkte des Meisters Eckhart müsste man antworten» – worauf eine knappe Zusammenfassung von

139 Rudolf Steiner: *Die Mystik im Aufgange des neuzeitlichen Geisteslebens und ihr Verhältnis zur modernen Weltanschauung,* GA 7, 6. Aufl. Dornach 1987, S. 39.

Rudolf Steiner: *Die Mystik im Aufgange des neuzeitlichen Geisteslebens und ihr Verhältnis zu modernen Weltanschauungen*, Cover der Erstausgabe, 1901 (ab der zweiten Auflage unter leicht abweichendem Titel erschienen)

Steiners eigener Erkenntnislehre aus den *Grundlinien* und der *Philosophie der Freiheit* folgt:

> «Vom Standpunkte des Meisters Eckhart müsste man antworten: Die Sinne sind physische Apparate. Ihre Mitteilungen über die Dinge können somit nur das Physische an den Dingen betreffen. Und dieses Physische in den Dingen teilt sich mir so mit, dass in mir selbst ein physischer Vorgang erregt wird. Die Farbe als physischer Vorgang der Außenwelt erregt einen physischen Vorgang in meinem Auge und in meinem Gehirn. Dadurch nehme ich die Farbe wahr. Ich kann auf diesem Wege aber nur das von der Farbe wahrnehmen, was an ihr physisch, sinnlich ist. Die sinnliche Wahrnehmung schaltet alles Nichtsinnliche von den Dingen aus. Die Dinge werden durch sie alles dessen entkleidet, was an ihnen nicht-sinnlich ist. Schreite ich dann zu dem geistigen, dem ideellen Inhalt fort, so stelle ich nur dasjenige wieder her, was die sinnliche Wahrnehmung an den Dingen ausgelöscht hat. Somit zeigt mir die sinnliche Wahrnehmung nicht das tiefste Wesen der Dinge; sie trennt mich vielmehr von diesem Wesen. Die geistige, ideelle Erfassung verbindet mich aber wieder mit diesem Wesen. Sie zeigt mir, dass die Dinge in ihrem Innern genau von demselben geistigen Wesen sind, wie ich selbst. Die Grenze zwischen mir und der Außenwelt fällt durch die geistige Erfassung. Ich bin von der Außenwelt getrennt, insofern ich ein sinnliches Ding unter sinnlichen Dingen bin. Mein Auge und die Farbe sind zwei verschiedene Wesenheiten. Mein Gehirn und die Pflanze sind zweierlei. Aber der ideelle Inhalt der Pflanze und der Farbe gehören mit dem ideellen Inhalt meines Gehirns und des Auges einer einheitlichen ideellen Wesenheit an.»[140]

Hier präsentiert Steiner seine Erkenntnistheorie der 1880er- und 1890er-Jahre *als* Eckharts Mystik. Derjenige, der versteht, dass «die Dinge in ihrem Innern genau von demselben geistigen Wesen sind, wie ich selbst», das heißt derjenige, der die Einheit zwischen seiner eigenen Idee und dem Wesen des Dinges einsieht, erlebt nicht nur, dass die Dinge als höhere Wesen im Menschengeist wiedergeboren werden, sondern er erlebt zugleich, dass er selbst eins ist mit der Welt. Die Wiedergeburt der Dinge im Geist beschreibt das Prinzip des Erkenntnisprozesses auf der einfachsten Stufe ebenso wie das nämliche Prinzip auf der höheren Stufe

140 Rudolf Steiner: *Die Mystik im Aufgange,* GA 7, S. 42; der Wortlaut folgt hier der Erstausgabe, S. 25 f.

der Mystik. Wir verstehen alles nach demselben Grundprinzip: Sei es ein Stein, der geworfen wird oder herunterfällt, sei es der Ursprung der Pflanzen- und Tierarten oder sei es die Rolle der göttlichen Schöpferkraft in der Welt – stets müssen wir unsere Fähigkeit nutzen, die Innenseite eines äußeren Phänomens zu erleben. Wir nutzen diese Fähigkeit in unserem täglichen Leben, ohne darüber nachzudenken; in der Mysterienerfahrung ist sie lediglich intensiviert. Steiner nennt diese Fähigkeit *den inneren Sinn*. Weil Eckhart von diesem inneren Sinn weiß und ihn auf die höchsten Rätsel anwenden kann, braucht er auch keine Offenbarung, die von außen zu ihm kommen muss:

> «Eckhart meint von keinem andern Gotte zu sprechen, als der ist, von dem Augustin, und der Evangelist, und Thomas sprechen; und dennoch ist ihr Zeugnis von Gott nicht sein Zeugnis. ‹Etliche Leute wollen Gott mit den Augen ansehen, als sie eine Kuh ansehen, und wollen Gott lieb haben, als sie eine Kuh lieb haben. Also haben sie Gott lieb, um auswendigen Reichtum und um inwendigen Trost; aber diese Leute haben nicht Gott recht lieb ... Einfältige Leute wähnen, sie sollen Gott ansehen, als stünde er dort und sie hier. So ist es nicht. Gott und ich sind eins im Erkennen.› Es liegt solchen Bekenntnissen bei Eckhart nichts anderes zugrunde, als die Erfahrung des inneren Sinnes. Und diese Erfahrung zeigt ihm die Dinge in einem höheren Lichte. Er glaubt daher eines äußeren Lichtes nicht zu bedürfen, um zu den höchsten Einsichten zu kommen [...].»[141]

Indem er die Offenbarung mit philosophischen Begriffen beschreibt und den philosophischen Begriffen Offenbarungsinhalt gibt, übernimmt Steiner die Idee der christlichen Mystik von der Einheit zwischen Ich und Gott als einen Ausdruck dafür, wie der einzelne Mensch, indem er denkt, in eins geht mit dem «Weltgrund»[142], wie es in den *Grundlinien* heißt. In der *Philosophie der Freiheit* wurde dieselbe Idee ausgedrückt in dem Satz: «Indem wir empfinden und fühlen (wahrnehmen), sind wir Einzelne, indem wir denken, sind wir das All-Eine Wesen, das alles durchdringt.»[143] Aber sobald dieses All-Eine Wesen verchristlicht wird oder Gott genannt wird, wird das Denken zum göttlichen Funken, der die Verbindung des Menschen zu der universellen Ideenwelt sichert, oder

141 Rudolf Steiner: *Die Mystik im Aufgange*, GA 7, S. 40f.

142 Rudolf Steiner: *Grundlinien einer Erkenntnistheorie*, GA 2, S. 84.

143 Rudolf Steiner: *Dokumente zur «Philosophie der Freiheit»*, GA 4a, S. 331.

zu Gott, der alles ist: «Die Welt ist Gott.»[144] Außerhalb des Alls, zu dem der Mensch durch das universelle Medium des Denkens prinzipiell Zugang hat, gibt es nichts. Deshalb gibt es auch kein *Ding an sich* außerhalb des Bewusstseins oder jenseits hypothetischer Erkenntnisgrenzen. Damit zog Steiner Meister Eckhart in seiner Polemik gegen Kant auf seine Seite. Zugleich bediente er sich Meister Eckharts wie einer Lichtquelle zur Erklärung einer Erkenntnistheorie, die in *Die Philosophie der Freiheit* rein gedanklich dargestellt wurde und in *Die Mystik im Aufgange* zu einer Erfahrung erweitert, die die ganze Persönlichkeit umfasst.

Auch Steiners ethischer Individualismus aus der *Philosophie der Freiheit* erhält nun seine endgültige Begründung durch die Mysterienerfahrung, die den Menschen mit dem All vereinigt, sodass das Individuum von innen heraus vom Allwesen getrieben wird und der Mensch «alles, was ihn treibt, nur als seinen eigenen Trieb» fühlt. Damit «hören alle von außen kommenden sittlichen Normen auf» und «der Mensch wird sich Maß und Ziel».[145] Auch in der *Philosophie der Freiheit* wird die vollkommene Entwicklung des Eigenwillens diesen gleichgesetzt mit dem im Menschen liegenden «Guten»;[146] in der *Mystik* ist die freie Handlung jedoch demjenigen vorbehalten, der durch das Nadelöhr der Mysterienerfahrung gegangen ist. Nur Menschen, die ihr *kleines Ich* zu einem *höheren Ich* erweitert und ihre absondernde Individualität abgelegt haben, sind frei:

> «Nicht alles menschliche Handeln trägt den Charakter der Freiheit. Nur das in jedem seiner Teile von Selbstbeobachtung durchglühte Handeln ist ein freies. Und weil die Selbstbeobachtung das individuelle Ich hinaufhebt zum allgemeinen Ich, so ist das freie Handeln das aus dem All-Ich fließende. [...] Unfrei ist das Handeln, das der Mensch als Individuum vollbringt; frei dasjenige, das er nach seiner geistigen Wiedergeburt vollzieht. Der Mensch ist also nicht, im allgemeinen, *entweder* frei, *oder* unfrei. Er ist *sowohl* das *Eine* wie das *Andere*. Er ist unfrei vor seiner Wiedergeburt; und er kann frei *werden* durch diese Wiedergeburt. [...] Seine [des Menschen] eigenen Taten werden [jetzt] Taten des allgemeinen Seins. Er empfindet sich in vollem Einklange mit diesem allgemeinen Sein. Jeden Missklang zwischen sich und einem anderen

---

144 Rudolf Steiner: *Dokumente zur «Philosophie der Freiheit»*, GA 4a, S. 201 (bei der Überarbeitung für die Neuauflage 1918 gestrichen).

145 Rudolf Steiner: *Die Mystik im Aufgange*, GA 7, S. 139.

146 Rudolf Steiner: *Dokumente zur «Philosophie der Freiheit»*, GA 4a, S. 180.

> fühlt er als Ergebnis eines noch nicht völlig erwachten Selbst. Das aber ist das Schicksal des Selbst, dass es nur in seiner Trennung vom All den Anschluss an dieses All finden kann. Der Mensch wäre nicht Mensch, wenn er nicht abgeschlossen wäre als Ich von allem andern; aber er ist auch nicht im höchsten Sinne Mensch, wenn er nicht als solch abgeschlossenes Ich aus sich heraus wieder sich zum All-Ich erweiterte.»[147]

Hier schließt sich der Kreis. Das sich absondernde *kleine Ich* des Stirnerianers ist zum *höheren Ich* der Mystiker geworden, das eins ist mit der Welt, dem All-Ich oder Gott. Es ist eine Verwandlung, die sowohl mit einem vergeistigten Darwinismus als auch mit einem parzivalesken Entwicklungsschema übereinstimmt. Es ist stirnerianischer Individualismus – mit so starker Leuchtkraft von innen heraus erleuchtet, dass das Ich selbst zerspringt.

147 Rudolf Steiner: *Die Mystik im Aufgange*, GA 7, S. 36f.; hier zitiert nach der Erstausgabe, S. 19f.

Goetheanismus als Mystik

Steiner findet Goethes Welt- und Menschenbild in der deutschen Mystik wieder, insbesondere in der Verwandtschaft zwischen paracelsischer und Goethe'scher Naturphilosophie. Er betont, dass beide die herkömmliche Überlieferung als Hauptquelle naturwissenschaftlicher Einsicht ablehnen; beide wollen die Naturprozesse durch direkte, persönliche Beobachtung verstehen, denn sie sind überzeugt davon, dass die Geheimnisse der Natur von demjenigen ihr abgelesen werden können, der sich in den Stand versetzt, die Stimme der Dinge zu hören und ihre Sprache zu lernen. Als Ausdruck dieser Schnittstelle zwischen Paracelsus und Goethe zitiert Steiner das berühmte Goethe-Diktum Winckelmanns:

> «Wenn die gesunde Natur des Menschen als ein Ganzes wirkt, wenn er sich in der Welt als in einem großen, schönen würdigen und werten Ganzen fühlt, wenn das harmonische Behagen ihm ein reines, freies Entzücken gewährt: dann würde das *Weltall,* wenn es sich selbst empfinden könnte, *als an sein Ziel gelangt,* aufjauchzen und *den Gipfel des eigenen Werdens und Wesens bewundern.»*[148]

Dieses Zitat sollte zum Wiedergänger in Steiners Werk und Vortragswerk werden, nachdem er es zum ersten Mal 1897 in *Goethes Weltanschauung* benutzt hatte. Dort verwendete er es in einer Argumentation gegen den Gedanken, dass die Subjektivität des Menschen die objektive Wirklichkeit verfälsche.[149] Mit Goethes Worten behauptete Steiner damals, dass die Subjektivität des Menschen, verstanden als «Inhalt des menschlichen Geistes», den Teil der Wirklichkeit ausmache, der sich der Sinnesbeobachtung entziehe. Das Innere des einzelnen Menschen sei der Ort, an dem die Wahrheit über die Welt sichtbar werde, obgleich «in einer eigenen Gestalt».[150] Durch Evolution, Bildung und Selbstbewusstsein

148 Johann Wolfgang Goethe: Winckelmann, in: *Schriften zur Kunst,* Hamburger Ausgabe, Bd. 12, München 1981, S. 98, hier zitiert nach Rudolf Steiner: *Die Mystik im Aufgange,* GA 7, S. 108.

149 Rudolf Steiner: *Goethes Weltanschauung,* GA 6, S. 63 ff.

150 Rudolf Steiner: *Goethes Weltanschauung,* GA 6, S. 65.

verwirkliche der Mensch sich nicht nur selbst, sondern auch das Weltall werde im Menschen zur Realität – das Weltall, und damit das «tiefste Objektive»[151], lebe im Subjektiven. Das Weltall finde seinen höchsten Ausdruck in der vollständig verwirklichten menschlichen Persönlichkeit. Die ganze Evolution, die erst die Vielfalt der Naturformen geschaffen habe, münde in «ein Wesen, das sie alle enthält: den *Menschen*»[152]. Dies impliziere, dass sich der Mensch in der Selbsterkenntnis mit dem geistigen «Weltgeschehen»[153] trifft. Derjenige, der auf dieser Stufe zu Bewusstheit kommt, erwache innerhalb der Schöpferkraft in der Welt selbst und könne das geheimnisvolle Geschehen in der Natur und der Welt beobachten:

> «Weil er in der Selbstanschauung das Ideelle in unmittelbarer Gestalt sieht, gewinnt er die Kraft und Fähigkeit, dieses Ideelle auch in aller äußeren Erscheinung, in der ganzen Natur aufzusuchen und anzuerkennen. Wer den Augenblick der Selbstanschauung erlebt hat, denkt nicht mehr daran, hinter den Erscheinungen einen verborgenen Gott zu suchen; er ergreift das Göttliche in seinen verschiedenen Metamorphosen in der Natur.»[154]

Hier dachte Steiner, um es noch einmal zu betonen, an eine Selbsterkenntnis von solcher Tiefe, dass das Subjektive im Menschen eins wurde mit der allgemeinen oder objektiven Gedankensphäre, die er an anderer Stelle «Seinsgrund», «das All-Eine Wesen» oder ganz einfach «Gott» nannte.[155] Selbsterkenntnis, Selbstverwirklichung, Welterkenntnis und Gotteserfahrung fielen zusammen. Bis 1901 verwendete Steiner das Goethe-Zitat Winckelmanns auf diese Weise, um zu illustrieren, wie die freie Persönlichkeitsentfaltung durch das Denken das Individuum mit der Welt auf eine Weise vereinte, die den Einzelnen in den Stand versetzte, die Welträtsel ohne religiöse Offenbarung und ohne Berührung mit irgendeinem persönlichen Gott zu durchschauen.

Aber in diesen Sätzen hatte Goethe nicht eine zukünftige Evolutionsstufe beschrieben, auf der der Mensch sich auf eine esoterische Ebene

151 Rudolf Steiner: *Goethes Weltanschauung*, GA 6, S. 64.

152 Rudolf Steiner: *Goethes Weltanschauung*, GA 6, S. 83.

153 Rudolf Steiner: *Goethes Weltanschauung*, GA 6, S. 86.

154 Rudolf Steiner: *Goethes Weltanschauung*, GA 6, S. 91; hier zitiert nach dem Wortlaut der Erstausgabe, S 75 f.

155 Rudolf Steiner: *Grundlinien einer Erkenntnistheorie*, GA 2, S. 84; GA 4a, S. 331, GA 4a, S. 201.

hinaufgeschwungen haben würde, sondern er hatte in der Zeit zurückgeschaut zum Höhepunkt der griechischen Kultur. Zwar benutzte Steiner das Zitat zunächst, um etwas zu beschreiben, das über die volle menschliche Bildung hinausging: nämlich einen prägnanten Ausdruck jener Einheit zwischen dem menschlichen Geist und dem All-einen Wesen, die die Einsicht des Menschen in die innersten Kammern der Welt gewährleistete. Er verwendete das Zitat dann aber auch oft in direkter Verbindung mit dem deutschen Idealismus: als Ausdruck für eine philosophische Einsicht, die in mancherlei Hinsicht an die Mystik grenzte, ohne jedoch die Gedankensphäre zu verlassen. In *Welt- und Lebensanschauungen* stellte er das Winckelmann-Zitat als einen direkten Ausdruck von Hegels Auffassung des menschlichen Geistes als Gottes Organ des Selbstbewusstseins dar.[156] In *Haeckel und seine Gegner* benutzte er es, um nicht nur Goethes Naturforschung, sondern auch Darwins und Haeckels Sicht auf die Natur zu beschreiben.[157]

In der *Mystik* aber benutzte er das Zitat, um den menschlichen Erkenntnisprozess als eine Parzival-Geschichte darzustellen, bei der der Abfall des Individuums von Gott nur ein vorübergehendes Stadium ist und an deren Ende der Mensch als Individuum aufgehoben ist. Steiner legt diese Deutung Paracelsus in den Mund und stellt sie als eine Version von Goethes Aussage dar. Damit bekommt die Aussage eine neue, mystische Dimension:

> «Verhüllt ist dem menschlichen Fassungsvermögen zunächst der Weg, den die Natur gegangen ist, um ihren Gipfel hervorzubringen. Sie hat diesen Gipfel erstiegen; aber dieser Gipfel [der selbstbewusste Mensch] sagt nicht: ich fühle mich als die ganze Natur; dieser Gipfel sagt: ich fühle mich als dieser einzelne Mensch. Was in Wirklichkeit eine Tat der ganzen Welt ist, das fühlt sich als einzelnes, einsames, für sich stehendes Wesen. Ja, das ist gerade das wahre Wesen des Menschen, dass er sich als etwas anderes fühlen muss, als er letzten Endes ist. Und wenn dies ein Widerspruch ist, so darf der Mensch ein lebendig gewordener Widerspruch genannt werden. Der Mensch ist die Welt auf seine eigene Art. Er sieht seinen Einklang mit der Welt als eine Zweiheit an. Er ist dasselbe, was die Welt ist; aber er ist es als Wiederholung, als einzelnes Wesen. Das ist der Gegensatz, den Paracelsus als Mikrokosmos (Mensch)

156 Rudolf Steiner: *Welt- und Lebensanschauungen im neunzehnten Jahrhundert*, Bd. 1, S. 109.

157 Rudolf Steiner: *Haeckel und seine Gegner*, GA 30, S. 153 f.

und Makrokosmos (Weltall) empfindet. Der Mensch ist ihm die Welt im Kleinen. Was den Menschen sein Verhältnis zur Welt so ansehen lässt, das ist sein Geist. Dieser Geist erscheint an ein einzelnes Wesen, an einen einzelnen Organismus gebunden. Dieser Organismus gehört, seinem ganzen Wesen nach, dem großen Strom des Weltalls an. Er ist ein Glied in demselben, das nur im Zusammenhange mit allen anderen seinen Bestand hat. Der Geist aber erscheint als ein Ergebnis dieses einzelnen Organismus. Er sieht sich zunächst nur mit diesem Organismus verbunden. Er reißt diesen Organismus aus dem Mutterboden los, dem er entwachsen ist. So liegt für Paracelsus ein tiefer Zusammenhang zwischen dem Menschen und dem ganzen Weltall in der Naturgrundlage des Seins verborgen, der sich durch das Dasein des Geistes verbirgt. Der Geist, der uns zur höheren Erkenntnis führt, indem er uns das Wissen vermittelt, und dieses Wissen auf höherer Stufe wiedergeboren werden lässt, hat für uns Menschen zunächst die Folge, dass er uns unseren eigenen Zusammenhang mit dem All verhüllt.»[158]

Hier lässt Steiner Paracelsus in der gleichen Weise vom Gegensatz von «Ich und Welt» ausgehen, wie er selbst es in der *Philosophie der Freiheit* getan hatte.[159] In der *Philosophie der Freiheit* wurde dieser Gegensatz durch das Denken überwunden, das das Individuum mit dem All zusammenband. Nun wird diese Entdeckung des Denkens beschrieben als «Wissen», das «auf höherer Stufe wiedergeboren» wird.[160] Der Gegensatz zwischen Ich und Welt bekommt eine tiefere Bedeutung, indem er das Individuum hervorbringt. Das Erlebnis der Welt als etwas Fremdes, außerhalb des Ich Liegendes ist nicht mehr nur eine Phase im Erkenntnisprozess, sondern eine notwendige Stufe in der Selbstverwirklichung des Menschen als eines Einzelwesens. Diese Selbstverwirklichung ist zugleich eine Loslösung von der Allnatur oder dem Weltall. Indem der Mensch zu einer freien Persönlichkeit wird und damit Geist bekommt, versteckt das Selbstbewusstsein die Einheit des Menschen mit dem Weltall. Indem das Weltall im Schlagschatten des individuellen Geistes verschwindet, wird dieser Individualgeist dazu geleitet, das Weltall in sich selbst zu suchen. So wird die Grenze zwischen Subjekt und Objekt überschritten, die durch den Individualisierungsprozess vorübergehend entstanden war.

158 Rudolf Steiner: *Die Mystik im Aufgange,* GA 7, S. 108f.
159 Rudolf Steiner: *Dokumente zur «Philosophie der Freiheit»,* GA 4a, S. 265.
160 Rudolf Steiner: *Die Mystik im Aufgange,* GA 7, S. 109.

Diesen Prozess, bei dem das selbstbewusste Individuum nur ein Zwischenstadium auf dem Weg zur Einheit mit dem All ist, beschreibt Steiner mithilfe von Paracelsus' Begriffen über die verschiedenen Glieder der menschlichen Natur. Der Mensch wird zuerst ein Einzelner, indem er eine «Verstandesseele» bekommt, das jedoch vertieft sein Selbsterlebnis, bis er die «Geistseele» in sich selbst findet, und die Geistseele findet zu einem noch tieferen Seinsgrund, auf dem der Menschen endlich den Zustand erreicht, den Goethe in dem Winckelmann-Zitat beschrieb:

> «Zuletzt erkennt er, dass er in dieser Geistseele den tiefsten Untergrund des Weltdaseins erlebt; die Geistseele hört auf, eine individuelle, einzelne zu sein. Es tritt die Erkenntnis ein, von der Eckhart sprach, als er nicht mehr *sich* in sich, sondern das Urwesen in sich sprechen fühlte. Es ist der Zustand eingetreten, in dem der Allgeist im Menschen sich selbst anschaut.»[161]

Steiner beschreibt hier die Entwicklung des Selbstbewusstseins als einen Entwicklungsprozess in drei Stufen: Zuerst ist das Selbstbewusstsein versteckt vor dem Menschen, wie die Natur ihn hervorbringt. Danach erlangt er Bewusstsein von sich selbst als eines Einzelnen, der Mensch ist jetzt zu Geist geworden, aber der Preis für dieses Dasein ist der Verlust des Bewusstseins davon, eins mit dem All zu sein. Das Weltall gerät in den Schatten des neuen selbstständigen Menschengeistes, der nun den ganzen Horizont füllt. Endlich findet der Geist das Weltall in seiner eigenen Tiefe wieder.

Es ist derselbe Prozess, der in dem biblischen Gleichnis vom verlorenen Sohn geschildert wird, in der Erzählung des Christentums von Sündenfall und der Wiedergutmachung, in der Geschichte des Gnostizismus darüber, dass der Mensch seinen himmlischen Ursprung vergisst, und in der Parzival-Legende, in der der Weg des Helden zum Gral durch eine Phase der Verlassenheit und Fremdheit von Gott führt.

Dieses mythologische und mystische Erlöserbild, das für Steiners Theosophie und Anthroposophie nach 1902 grundlegend werden sollte, findet sich nicht erst in der *Mystik* von 1901, sondern lag als philosophische Begriffsformel bereits in der *Philosophie der Freiheit* vor. Hier wurde dasselbe Erlöserbild in abstrakterer Form dargestellt: als die drei Stufen des Erkenntnisprozesses, bei dem die ursprüngliche naive Ein-

161 Rudolf Steiner: *Die Mystik im Aufgange*, GA 7, S. 112.

heit zwischen dem Menschen und der Natur in einem zweiten Schritt abgelöst wird vom Gegensatz zwischen Ich und Welt, der dann in einem dritten Schritt aufgehoben wird: «In dem Denken haben wir das Element gegeben, das unsere besondere Individualität mit dem Kosmos zu einem Ganzen zusammenschließt.»[162] So kann *Die Mystik im Aufgange* als eine mystische Version der *Philosophie der Freiheit* gelesen werden.

162 Rudolf Steiner: *Dokumente zur «Philosophie der Freiheit»*, GA 4a, S. 331.

Mysterienerfahrung und neuer Sinn

Für den jungen Steiner war die Einsamkeit des menschlichen Geistes im All nicht nur eine Tatsache. Diese Einsamkeit war auch ein Schicksal, das zu seiner eigenen Überwindung aufforderte. Dies war die Methode der Mystik. In *Die Mystik im Aufgange* bestimmte Steiner die Selbsterkenntnis als ein geistiges Terrain, auf dem sich ein neuer Sinn öffnet, der nicht nur das Selbst in neues Licht taucht, sondern die ganze Welt. Jetzt war nicht mehr nur von einem avancierteren Niveau innerhalb des Denkens die Rede, auf dem es sehend wurde, sondern von einem Sonnenaufgang in der Selbsterkenntnis: Die deutschen Mystiker, schrieb Steiner, hatten ein «starkes Gefühl dafür, dass in der Selbsterkenntnis des Menschen eine Sonne aufgeht, die noch etwas ganz anderes beleuchtet als die zufällige Einzelpersönlichkeit des Betrachters».[163] Es kann sein, dass der Sonnenaufgang in der Selbsterkenntnis und das «sehende Denken» die gleiche Sache bezeichnen, aber die metaphorische Steigerung im Ausdruck deutet auch eine Vertiefung der Sache an und weist biografisch auf eine Vertiefung von Steiners eigener innerer Erfahrung hin. Nun heißt es, dass die Selbsterkenntnis eine Mysterienerfahrung sei, die ein neues Organ zur Welterfassung eröffne – nicht als ein ekstatisches oder bewusstseinsdämpfendes Einzelerlebnis, sondern in Form der Öffnung eines neuen Sinnes: «Ihnen [den Mystikern] war klar, dass die Selbsterkenntnis in ihrer wahren Gestalt den Menschen mit einem neuen Sinn bereichert, der ihm eine Welt erschließt, die sich zu dem, was ohne diesen Sinn erreichbar ist, verhält wie die Welt des körperlich Sehenden zu der des Blinden.»[164]

Das «Licht», das aufblitzt, wenn der Mystiker «zu einem höheren Dasein erweckt» wird, wirft seinen Schein nicht nur auf ihn selbst, sondern auch auf all die Kenntnisse und all das Wissen, das er in sich trägt.[165] Er wird nicht mit neuen Ideen von außen ausgestattet, sondern alles, was er weiß, wird durchleuchtet, sodass er ganz neue Perspektiven gewinnen kann und in den Stand versetzt wird, die tieferen Zusam-

163 Rudolf Steiner: *Die Mystik im Aufgange,* GA 7, S. 17.
164 Rudolf Steiner: *Die Mystik im Aufgange,* GA 7, S. 17.
165 Rudolf Steiner: *Die Mystik im Aufgange,* GA 7, S. 21.

menhänge der Welt zu erfassen, die dem gewöhnlichen, nicht erweckten Menschen verborgen bleiben: «Was ich durch diese Erweckung zu den Dingen hinzubringe, ist nicht eine neue Idee, ist nicht eine inhaltliche Bereicherung meines Wissens; es ist ein Hinaufheben des Wissens, der Erkenntnis, auf eine höhere Stufe, auf der allen Dingen ein neuer Glanz verliehen wird.»[166]

> «So klärt das Innere des Menschen sich nicht nur über sich selbst, sondern es klärt auch über die äußeren Dinge auf. Von diesem Punkte aus öffnet sich eine unendliche Perspektive für die menschliche Erkenntnis. Im Innern leuchtet ein Licht, das seine Leuchtkraft nicht nur auf dieses Innere beschränkt. Es ist eine Sonne, die zugleich *alle* Wirklichkeit beleuchtet. Es tritt in uns etwas auf, was uns mit der ganzen Welt verbindet. Wir sind nicht mehr bloß der einzelne zufällige Mensch, nicht mehr dieses oder jenes Individuum. In uns offenbart sich die ganze Welt. Sie enthüllt uns ihren eigenen Zusammenhang; und sie enthüllt uns, wie wir selbst als Individuum mit ihr zusammenhängen. Aus der Selbsterkenntnis heraus wird die Welterkenntnis geboren.»[167]

Hier wird der Zusammenbruch des stirnerianischen Egos beschrieben, aus dessen Rissen das innere Licht den Rest der Welt erleuchtet. Diese Schilderung in *Die Mystik im Aufgange* hat eine so persönliche und bekennende Form, dass sie vermutlich auf eigenem Erleben beruht. Steiner schreibt nun auf eine Weise, die von einer Mysterienerfahrung und dem Weg zu ihr erzählt, egal welchen Realitätsstatus man dieser Erzählung zuerkennen möchte. Alles spricht dafür, dass in *Die Mystik im Aufgange* die erste und unmittelbarste Schilderung davon vorliegt, wie Steiner in den Jahren 1898–1901 selbst eine innere Grenzüberschreitung oder eine persönliche Mysterienerfahrung erlebte. Auch Steiners spätere Theosophie und Anthroposophie erscheinen so, als könnten sie aus genau dem Prinzip entstanden sein, das er in der *Mystik* angibt: nämlich dadurch, dass konventionell angeeignetem Wissen wie etwa naturwissenschaftlichen Forschungsergebnissen oder schon vorhandener Esoterik wie zum Beispiel Blavatskys Theosophie ein Zuschuss von innerem Licht verliehen wird, das heißt, dass dieses Wissen in eine okkulte Perspektive gerückt wird. Die «Sonne, die zugleich *alle* Wirklichkeit beleuchtet», ist ein Vorbote von Steiners späteren esoterischen Weltbildern.

166 Rudolf Steiner: *Die Mystik im Aufgange*, GA 7, S. 21.
167 Rudolf Steiner: *Die Mystik im Aufgange*, GA 7, S. 27.

Anhang

Literaturverzeichnis

Zitierte Bände der Rudolf Steiner Gesamtausgabe

Die Zitate der Werke Rudolf Steiners folgen, sofern in den Fußnoten nicht anders nachgewiesen, der jeweils neuesten Auflage der Rudolf Steiner Gesamtausgabe (GA). Sie wurden in der Rechtschreibung angepasst.

Band

1 *Einleitungen zu Goethes Naturwissenschaftlichen Schriften* [1884–1897], 4. Aufl. Dornach 1987.

2 *Grundlinien einer Erkenntnistheorie der Goetheschen Weltanschauung, mit besonderer Rücksicht auf Schiller* [1886], 8. Aufl. Dornach 2003.

3 *Wahrheit und Wissenschaft. Vorspiel zu einer «Philosophie der Freiheit»* [1892], 6. Aufl. Basel 2012.

4 *Die Philosophie der Freiheit. Grundzüge einer modernen Weltanschauung. Seelische Beobachtungsresultate nach naturwissenschaftlicher Methode*, 16. Aufl. Dornach 1995.

4a *Dokumente zur «Philosophie der Freiheit». Faksimile der Erstausgabe 1894 mit den handschriftlichen Eintragungen für die Neuausgabe 1918 und weiteren Materialien*, 1. Aufl. Dornach 1994.

5 *Friedrich Nietzsche. Ein Kämpfer gegen seine Zeit* [1895]. Erweitert um drei Aufsätze über Friedrich Nietzsche aus dem Jahre 1900 und um ein Kapitel aus «Mein Lebensgang», 5. Aufl. Basel 2019.

6 *Goethes Weltanschauung* [1897], 8. Aufl. Dornach 1990.

7 *Die Mystik im Aufgange des neuzeitlichen Geisteslebens und ihr Verhältnis zur modernen Weltanschauung* [1901], 6. Aufl. Dornach 1987.

13 *Die Geheimwissenschaft im Umriss* [1910], 31. Aufl. Basel 2013.

18 *Die Rätsel der Philosophie in ihrer Geschichte als Umriss dargestellt* [1900/01], 9. Aufl. Dornach 1985. Durchweg zitiert nach der Erstausgabe: Welt- und Lebensanschauungen im neunzehnten Jahrhundert, Berlin 1900/01.

29 *Gesammelte Aufsätze zur Dramaturgie 1889–1900,* 4. Aufl. Basel 2014.

30 *Methodische Grundlagen der Anthroposophie. Gesammelte Aufsätze zur Philosophie, Naturwissenschaft, Ästhetik und Seelenkunde 1884–1901,* 3. Aufl. Dornach 1989.

31 *Gesammelte Aufsätze zur Kultur- und Zeitgeschichte 1887–1901,* 3. Aufl. Dornach 1989.

32 *Gesammelte Aufsätze zur Literatur 1884–1902,* 4. Aufl. Basel 2016.

33 *Biographien und biographische Skizzen 1884–1905,* 2. Aufl. Dornach 1992.

34 *Lucifer - Gnosis. Grundlegende Aufsätze zur Anthroposophie und Berichte aus den Zeitschriften «Luzifer» und «Lucifer - Gnosis» 1903–1908,* 2. Aufl. Dornach 1987.

39 *Briefe. Bd. II: 1890–1925,* 2. Aufl. Dornach 1987.

51 *Über Philosophie, Geschichte und Literatur. Darstellungen an der «Arbeiterbildungsschule» und der «Freien Hochschule» in Berlin,* 1. Aufl. Dornach 1983.

53 *Spirituelle Seelenlehre und Weltbetrachtung,* 2. Aufl. Dornach 1986.

54 *Die Welträtsel und die Anthroposophie,* 2. Aufl. Dornach 1983.

Sonstige verwendete Literatur

Bjerke, André: «Terskelens vokter», in: *Arken* 3/1987, S. 18–43.

Blavatsky, Helena Petrovna: *Die Geheimlehre. Die Vereinigung von Wissenschaft, Religion und Philosophie,* Bd. II: *Anthropogenesis,* Leipzig 1901.

Blavatsky, Helena Petrovna: *Isis Unveiled*, Pasadena, California 1998.

Blavatsky, Helena Petrovna: *The Secret Doctrine*, Pasadena, California 1988.

Dobe, Friedrich: *John Henry Mackay als Mensch*, Koblenz 1987.

Ebbestad Hansen, Jan-Erik: «Rudolf Steiner», *Store Norske Leksikon*. Online abrufbar unter: https://snl.no/Rudolf_Steiner [zuletzt abgerufen am 1. Januar 2020].

Ebbestad Hansen, Jan-Erik: «Rudolf Steiner & Co. Ny litteratur om Rudolf Steiner og den antroposofiske bevegelsen», *Arr. Idéhistorisk tidsskrift*, 4/2015. Online abrufbar unter: «https://arrvev.no/artikler/rudolf-steiner-co.-ny-litteratur-om-rudolf-steiner-og-den-antroposofiske-be» [zuletzt abgerufen am 21. Januar 2020].

Goethe, Johann Wolfgang: *Werke. Hamburger Ausgabe in 14 Bänden*, München 1981.

Gray, Ronald D.: *Goethe the Alchemist*, Cambridge 1952.

Haeckel, Ernst: *Generelle Morphologie der Organismen*, Bd. 1, Berlin 1866.

Haeckel, Ernst: *Natürliche Schöpfungsgeschichte*, Berlin 1875.

Haeckel, Ernst: *Der Monismus als Band zwischen Religion und Wissenschaft*, Bonn 1892.

Haeckel, Ernst: *Die Welträtsel. Gemeinverständliche Studien über Monistische Philosophie*, Bonn 1899.

Hillar, Marian: *From Logos to Trinity. The Evolution of Religious Beliefs from Pythagoras to Tertullian*, New York 2012.

Hoffmann, David Marc: «Rudolf Steiners Hadesfahrt und Damaskuserlebnis. Vom Goetheanismus, Individualismus, Nietzscheanismus, Anarchismus und Antichristentum zur Anthroposophie», in: Rahel Uhlenhoff (Hrsg.): *Anthroposophie in Geschichte und Gegenwart*, Berlin 2011, S. 89–123.

Hoffmeister, Johannes (Hrsg.): *Briefe von und an Hegel.* Band 2: 1813 bis 1822, Hamburg 1953, 3. Aufl. 1969.

Jacobowski, Ludwig: *Ausklang*, hrsg. von Rudolf Steiner, Minden in Westfalen 1901.

Kauffeldt, Rolf, und Gertrude Cepl-Kaufmann: *Berlin-Friedrichshagen*, München 1994.

Kully, Max: *Die Wahrheit über die Theo-Anthroposophie als eine Kultur-Verfallserscheinung*, Basel 1926.

Lasson, Adolf: *Der Mystiker Meister Eckhart*, Wiesbaden 2003.

Leisegang, Hans: *Die Grundlagen der Anthroposophie*, Hamburg 1922.

Lindenberg, Christoph: *Individualismus und offenbare Religion. Rudolf Steiners Zugang zum Christentum*, Stuttgart 1970.

Lindenberg, Christoph: *Individualismus und offenbare Religion. Rudolf Steiners Zugang zum Christentum*, Erweiterte Neuausgabe, Stuttgart 1995.

Mackay, John Henry: *Max Stirner. Sein Leben und sein Werk*, Berlin 1898.

Mackay, John Henry: *Die Anarchisten. Kulturgemälde aus dem Ende des 19. Jahrhundert*, Berlin 1898.

Mackay, John Henry: *Abrechnung. Randbemerkungen zu Leben und Arbeit*, Concord, California 2006.

Meffert, Ekkehard: *Nikolaus von Kues*, Stuttgart 1982.

Mücke, Johanna, und Alwin Alfred Rudolph: *Erinnerungen an Rudolf Steiner und seine Wirksamkeit an der Arbeiter-Bildungsschule in Berlin 1899–1904*, Basel 1955.

Nietzsche, Friedrich: *Also sprach Zarathustra. Ein Buch für Alle und Keinen*, Chemnitz 1883–1885.

Reuter, Gabriele: *Vom Kinde zum Menschen. Die Geschichte meiner Jugend*, Berlin 1921.

Reuter, Otto: *Ludwig Jacobowski. Werk, Entwicklung und Verhältnis zur Moderne*, Berlin 1900.

Richards, Robert John: *The Tragic sense of Life*, Chicago 2008.

Riley, Thomas A.: *Germany's Poet-Anarchist John Henry Mackay*, New York 1972.

Salemonsens, Helge: *Tenkningen som erfaring. Den moderne intellektualitet og menneskets eksistens*, Oslo 1985.

Schmidt, Robin: *Rudolf Steiner und die Anfänge der Theosophie*, Dornach 2010.

Selg, Peter: *Rudolf Steiner 1861–1925. Lebens- und Werkgeschichte*, Stuttgart 2012.

Skagen, Kaj: *Morgen ved midnatt. Den unge Rudolf Steiners liv og samtid, verk og horisont, 1861–1902*, Oslo 2015.

Solneman, K. H. Z.: *Der Bahnbrecher John Henry Mackay. Sein Leben und sein Werk*, Hamburg 1979.

Sparby, Terje (Hrsg.): *Rudolf Steiner som filosof*, Oslo 2013.

Sundén, Hjalmar: *Rudolf Steiner. En bok om antroposofin*, Stockholm 1962.

Treher, Wolfgang: *Hitler, Steiner, Schreber. Ein Beitrag zur Phänomenologie des kranken Geistes*, Emmendingen 1966.

Vögele, Wolfgang G. (Hrsg.): *Der andere Rudolf Steiner. Augenzeugenberichte, Interviews, Karikaturen*, Dornach 2005.

Wachsmuth, Guenther: *Rudolf Steiners Erdenleben und Wirken von der Jahrhundertwende bis zum Tode*, Dornach 1964.

Wehr, Gerhard: *Rudolf Steiner. Leben. Erkenntnis. Kulturimpuls*, München 1987.

Zander, Helmut: *Anthroposophie in Deutschland. Theosophische Weltanschauung und gesellschaftliche Praxis 1884–1945*, Göttingen 2008.

Zander, Helmut: *Rudolf Steiner. Die Biographie*, München und Zürich 2011.